Köhler/Weiß

Unterricht kompetenzorientiert nachbesprechen

Katja Köhler / Lorenz Weiß

# Unterricht kompetenzorientiert nachbesprechen

Lehrproben
Unterrichtsbesuche
Kollegiale Hospitationen

*Katja Köhler* ist als Seminarrektorin in der Lehrerausbildung von Grundschullehramtsanwärtern in Bayern tätig. Sie ist Beratungslehrkraft, Lehrbeauftragte und Zweitprüferin an der Universität Bayreuth.

*Lorenz Weiß* ist als Seminarrektor in der Lehrerausbildung von Grundschullehramtsanwärtern in Bayern tätig. Er ist Trainer für Unterrichtsentwicklung, Lehrbeauftragter an der Friedrich-Alexander-Universität Erlangen-Nürnberg und Moderator für eine wahrnehmungs- und wertorientierte Schulentwicklung.

Dieses Buch ist erhältlich als:
ISBN 978-3-407-62935-7 Print
ISBN 978-3-407-29432-6 E-Book (PDF)

1. Auflage 2015


Werderstraße 10, 69469 Weinheim
service@beltz.de


Lektorat: Miriam Frank
Herstellung: Lore Amann
Satz: Markus Schmitz, Altenberge
Illustrationen: © Jonathan Bachmann (S. 9 f., 13, 20, 34, 39, 46–49, 52, 57, 84–92);
restliche Illustrationen: © Orfeev, notkoo, Elise Gravel, yummyphotos / shutterstock
Umschlagabbildung: © bikeriderlondon / shutterstock
Reihengestaltung: glas ag, Seeheim-Jugenheim
Umschlaggestaltung: Sarah Veith
Druck und Bindung: Beltz Grafische Betriebe, Bad Langensalza
Beltz Grafische Betriebe ist ein Unternehmen mit finanziellem Klimabeitrag (ID 15985-2104-1001).
Printed in Germany

Weitere Informationen zu unseren Autor:innen und Titeln finden Sie unter: www.beltz.de

# Inhalt

# Einleitung

*Vor der Unterrichtsnachbesprechung* *Nach der Unterrichtsnachbesprechung*

*Nachbesprechung 1*

Kennen Sie diesen Zustand einer Lehrkraft, nachdem Sie mit ihr Unterricht nachbesprochen haben (rechts im Bild)? Oder kennen Sie diesen Zustand aus Ihrer eigenen Biografie heraus, als mit Ihnen Unterricht nachbesprochen wurde?

Wie kommen diese Emotionen zustande? Warum möchten viele Unterrichtende und Gesprächsleiter der Nachbesprechung am liebsten gar nicht mehr visitieren oder visitiert werden, um sich all das zu ersparen?

Ein Grund liegt möglicherweise in der oft mehrfach selbst erlebten klassischen, unter dem Deckmantel von »fürsorglicher Beratung« getarnten Beurteilungssituation, in der der zu beratenden Lehrkraft sehr häufig mit einer Liste von Mangelanhäufungen ihres Unterrichts- und Erziehungsgeschicks sowie der geringen Handlungs- und Sachkompetenz begegnet wird.

In einem Kurzreferat versucht der »Beurteiler« dem Unterrichtenden »Beweise« für seine Einschätzung der manchmal schon vor dem Unterrichtsbesuch feststehenden Beurteilungsstufe zu benennen. Der Unterrichtende kommt in der Unterrichtsnachbesprechung oft wenig zu Wort, fühlt sich wenig ernst genommen. Ein Referenzrahmen der Besprechungskriterien fehlt oft oder wird nicht eingehalten, ein Bemühen um tieferes Verstehen seiner Gedanken und Emotionen seitens der Gesprächsleitung wird wenig wahrgenommen und Zielvereinbarungen für die Weiterarbeit werden mit wenig Identifikation der Lehrkraft festgeschrieben. Bei zwischenmenschlichen und fachlichen Differenzen zwischen den beiden Beteiligten kann die Situation nicht nur während, sondern auch schon vor der Nachbesprechung emotional bedenklich angespannt sein.

*Vor der Unterrichtsnachbesprechung* *Nach der Unterrichtsnachbesprechung*

*Nachbesprechung 2*

Wir verfolgen ein anderes Ziel im emotionalen Miteinander des Rekonstruktierens von Handlungsabläufen und -routinen im Gesamtgeschehen von Unterricht und Erziehung – die kompetenzorientierte Nachbesprechung von Unterricht. *Ziel der Veröffentlichung ist ein emotional stabiler, wertgeschätzter und mit Impulsen zur Weiterarbeit motivierter Unterrichtender.*

*Vor der Unterrichtsnachbesprechung*

*Nach der Unterrichtsnachbesprechung*

*Durch kompetenzorientierte Unterrichtsnachbesprechung*

Die im Folgenden strukturierten Möglichkeiten, aufgezeigten Tipps und Hinweise zur kompetenzorientierten Unterrichtsnachbesprechung wurden über Jahre mehrfach erfolgreich erprobt, haben sich bewährt und können einen wesentlichen Beitrag zur Berufszufriedenheit und -gesundheit aller an der Nachbesprechung von Unterricht Beteiligten leisten.

Wir wünschen Ihnen viel Freude bei Ihrer Tätigkeit im Rahmen der Nachbesprechung von Unterricht und schöne Begegnungen mit netten Menschen an schulischen Orten und darüber hinaus.

Über Rückmeldungen, Fragen, Erfahrungen und weiterführende konstruktive Anmerkungen freuen wir uns. Wir sind gespannt!

*Katja Köhler und Lorenz Weiß*

Sie erreichen uns unter: lorenz.weiss@web.de

# Was sind Bestandteile einer kompetenzorientierten Unterrichtsnachbesprechung?

In der kompetenzorientierten Unterrichtsnachbesprechung sucht der Unterrichtende zusammen mit der Gesprächsleitung Erfolgsfaktoren für das Gelingende in Unterricht und Erziehung, benennt diese und erläutert deren Wirkweise im konkreten Unterrichtsprozess.

Im Gespräch geht es darum, »funkelnde Sterne«, die aus dem Herzen des Unterrichtenden kommen und mit den Kompetenzen der Lehrerbildung einhergehen, zu entdecken und leuchten zu lassen. Etwas weniger metaphorisch: Im Gespräch über den Unterricht stehen vor allem Erfolge, besondere Fähigkeiten, Ressourcen, Ausnahmen, Gedankenblitze, »Nicht-Problemzeiten« im Vordergrund. Im kompetenzorientierten Unterrichtsnachgespräch geht es aus konstruktivistischer Sicht nicht darum, wer recht hat. Es wird verstärkt an Lösungen für die unterrichtende Lehrkraft gearbeitet (Kap. 1).

Die Leitung der Nachbesprechung erhält durch die strukturierte Gesprächsführung einen Einblick in einige Erfolgsfaktoren im positiven Wirkbereich der Lehrkraft. Und sie unterstützt die Selbstwahrnehmungsfähigkeit des Unterrichtenden an der Schnittstelle zwischen Selbsteinschätzung und Fremdeinschätzung hin zu einer positiv besetzten kompetenzorientierten Bereitschaft, Unterricht zu gestalten (Kap. 2).

Bewährte Gesprächsimpulse, die dem Gegenüber angeboten werden, und das Strukturangebot von klassischen kompetenzorientierten Gesprächsverläufen mit gestalteten Gesprächskärtchen und Visualisierungsangeboten sind zentrales Element der Gesprächsführung. Sie werden im Folgenden sowohl für dyadische Gespräche als auch für Nachbesprechungen mit größeren Gruppen, wie sie im Schulalltag vorkommen, vorgestellt und geben allen Beteiligten am Gespräch Sicherheit (Kap. 3).

Auch schwierige Situationen in Nachbesprechungen, Konfliktgespräche und der Umgang mit anderen »harten Brocken« tauchen immer wieder als unangenehm empfundene Situationen auf. Hinweise dazu, wie man mit diesen umgehen kann, was empfehlenswert ist und sich bewährt hat, runden den Gesamtkomplex kompetenzorientierter Unterrichtsnachbesprechung ab (Kap. 4).

Ein Resümee unserer Einsichten zur kompetenzorientierten Unterrichtsnachbesprechung, zusammengeführt als Erfahrungsschatz, bildet den Abschluss (Kap. 5).

# 1 Unterricht bewusst kompetenzorientiert nachbesprechen

## 1.1 Grundsätzliche Überlegungen zu einer kompetenzorientierten Unterrichtsnachbesprechung

Die Gesprächsleitung und der Unterrichtende suchen, benennen und erklären Erfolgsfaktoren für das Gelingende in Unterricht und Erziehung. Oder mit den Worten von Max Frisch: »Man sollte dem Anderen die Wahrheit wie einen Mantel hinhalten, dass er hineinschlüpfen kann, und sie ihm nicht wie einen nassen Lappen um die Ohren schlagen.«

Unsere Erfahrung ist, dass die Bereitschaft von Lehrkräften, den Unterricht weiterzuentwickeln, steigt, wenn der Fokus auf ihrem eigenen Erleben fußt und auf Lösungen und persönliche Stärken gelegt wird, und weniger auf Probleme und eine abzuarbeitende Mängelliste. Die theoretische Umgrenzung unseres Ansatzes umfasst vier Aspekte:

- *Konstruktivismus:* Jeder Mensch kann nur auf der Basis seines eigenen biografisch geprägten Kontextes wahrnehmen, beobachten und deuten. Dem Unterrichtenden ist eine Deutung des Gesprächsleiters noch stärker von Nutzen, wenn ihm eine Sichtweise angeboten wird, die die eigene Wahrnehmungsvielfalt erweitert (Kompetenzeinsicht).
- *Lösungsorientierung:* Alle Unterrichtenden haben aus ihrer Wahrnehmung heraus Probleme erfasst und von ihrem eigenen Erleben heraus bereits Lösungen geschaffen. Die kompetenzorientierte Unterrichtsnachbesprechung hat zum Ziel, das Wahrnehmungsspektrum des Unterrichtenden so zu erweitern, dass weitere Lösungen möglich sind (Kompetenzerweiterung).
- *Ressourcenorientierung:* Die Gesprächsleitung der kompetenzorientierten Unterrichtsnachbesprechung begibt sich *mit dem Unterrichtenden* auf den Weg zu Möglichkeiten, vorhandene Stärken noch weiter auszubauen: Die Lehrkraft soll selbst zur Fachkraft für Problemlösungen werden, indem sie vorhandene Stärken, bereits einmal erworbene, aber verschüttete Fähigkeiten oder bisher noch nicht wahrgenommene Möglichkeiten einzusetzen lernt (Kompetenzressourcen).
- *Systemische Betrachtung:* Die Lehrkraft steht im Unterrichtsgeschehen in permanenter Interaktion mit ihrer Umwelt. In Zusammenhang mit der lösungsorientierten Seite der kompetenzorientierten Unterrichtsnachbesprechung werden dabei die Stärken und Lösungen für Unterrichtssituationen, in denen die Lehrkraft v. a. in der Interaktion mit den anderen am Unterricht Beteiligten im Zentrum steht, in den Blick genommen (Kompetenz-Interdependenz).

Alles unter dem Grundsatz: »Die Menschen stärken, die Sachen klären« (Hartmut von Hentig).

Das Unterrichtsgeschehen im Rahmen des Lehr-Lernablaufs vollzieht sich mit steuernden und konkreten Handlungen der Lehrkraft. Diese Handlungen der Lehrkraft werden für den Unterrichtsbeobachter, der die Unterrichtsnachbesprechung leitet, sichtbar und geben einen Hinweis darauf, was eine Lehrkraft in dieser speziellen Situation leistet, und zwar im Hinblick auf ihre

- Kenntnisse,
- ihre Fähigkeiten, mit diesen Kenntnissen umzugehen, und
- ihre Bereitschaft, im Lehr-Lernablauf eine eigene Beziehung zu allen Beteiligten und dem Unterrichtsinhalt sowie dessen Vermittlung einzugehen.

In der Unterrichtsnachbesprechung bietet sich deswegen die Möglichkeit, mit der Lehrkraft vor allem die gezeigten besonders lernwirksamen Kompetenzen und zugleich die vielleicht noch in der Entwicklung steckenden Fähigkeiten näher zu betrachten. Und dies im Bewusstsein dessen, dass im Rahmen einer nur einmalig stattfindenden Unterrichtsbeobachtung nie alle Kompetenzen, über die die Lehrkraft verfügt, sichtbar werden. Kompetenzorientierte Unterrichtsnachbesprechung betrachtet daher im Schwerpunkt das Fundament des Könnens der Lehrkraft in der jeweiligen spezifischen Situation mit ihren Schülern und in der Auseinandersetzung mit dem Lerninhalt. Bei der Betrachtung stehen die Aspekte der Handlungskompetenz mit den Mauersteinen Fachkompetenz, Methodenkompetenz, Selbstkompetenz und Sozialkompetenz im Vordergrund.

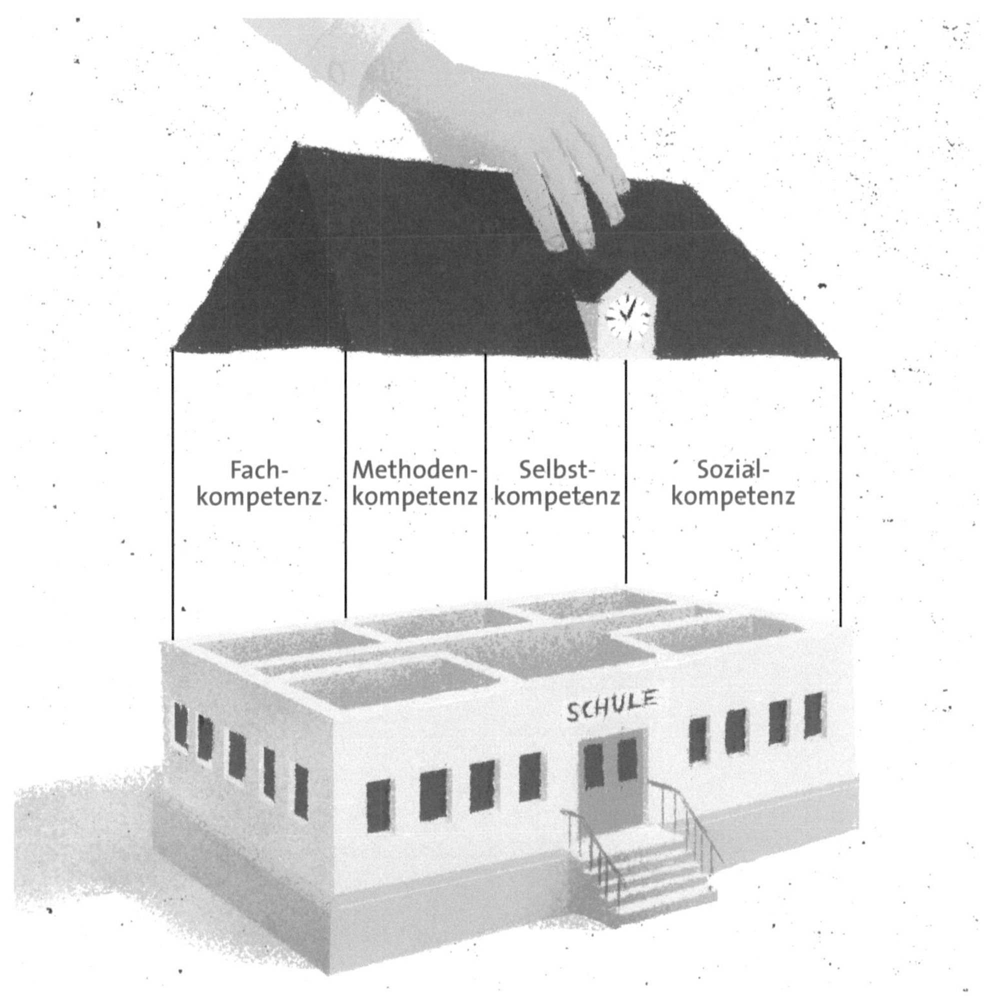

Das Unterrichten wird damit als aktiver, konstruktiver und selbstgesteuerter Prozess gesehen, der in der Unterrichtsnachbesprechung kommunikativ wertschätzend und stärkend aufgeschlüsselt wird. Im Vordergrund steht dabei die prozessuale Betrachtungsweise (im Idealfall durch mehrere Unterrichtsbeobachtungen und Nachbesprechungen durch dieselbe Gesprächsleitung) vor klaren »Zieldefinitionen«. Dies lässt unterschiedliche Schwerpunktsetzungen zu, abgestimmt auf das jeweilige Können der Lehrkraft, und führt weg von einem klaren Zielkatalog für alle Lehrkräfte mit denselben Mitteln zur Zielerreichung.

Als Referenzrahmen kompetenzorientierter Unterrichtsnachbesprechung setzen wir die Aufmerksamkeitsrichtungen der Standards für Lehrerbildung nach Beschluss der Kultusministerkonferenz vom 16.12.2004, da die Schwerpunktsetzungen auf das Können der einzelnen Lehrkraft abgestimmt sind, trotzdem aber nicht beliebig im luftleeren Raum stehen bleiben.

Der Kompetenzbegriff ist für die Unterrichtsnachbesprechung von zentraler Bedeutung. Die für das Lehrerhandeln beschriebenen erwünschten Kompetenzen (Kompetenzerwartungen) beschreiben die Anforderungen an die jeweilige Lehrkraft im Unterricht in der aktiven Auseinandersetzung mit den Schülerinnen und Schülern und den fachlichen Inhalten. Sie beziehen sich somit auf Fähigkeiten, Fertigkeiten und Einstellungen, über die eine Lehrkraft zur Bewältigung der beruflichen Anforderungen verfügt.

Dazu zählen folgende Kompetenzbereiche:

- *Unterrichten:* Lehrerinnen und Lehrer sind Fachleute für das Planen, Organisieren, Reflektieren und Evaluieren des Lehren und Lernens.
- *Erziehen:* Lehrerinnen und Lehrer üben in Zusammenarbeit mit den Erziehungsberechtigten ihre Erziehungsaufgabe aus.
- *Beobachten, Fördern, Beraten und Beurteilen:* Lehrerinnen und Lehrer üben ihre Beurteilungsaufgabe kompetent, gerecht und verantwortungsbewusst aus.
- *Innovieren:* Lehrerinnen und Lehrer bilden sich fort und entwickeln ihre Kompetenzen im persönlichen wie im Schulentwicklungsprozess weiter.

Im Rahmen eines jeden Unterrichts und einer Unterrichtshospitation kommt es zu einer beobachtbaren Verschränkung dieser Kompetenzen in den einzelnen Handlungssituationen des Lehr-Lerngeschehens. Die Kompetenzbereiche bedingen einander und sind das Fundament des Unterrichts, wie die folgende Abbildung zeigt.

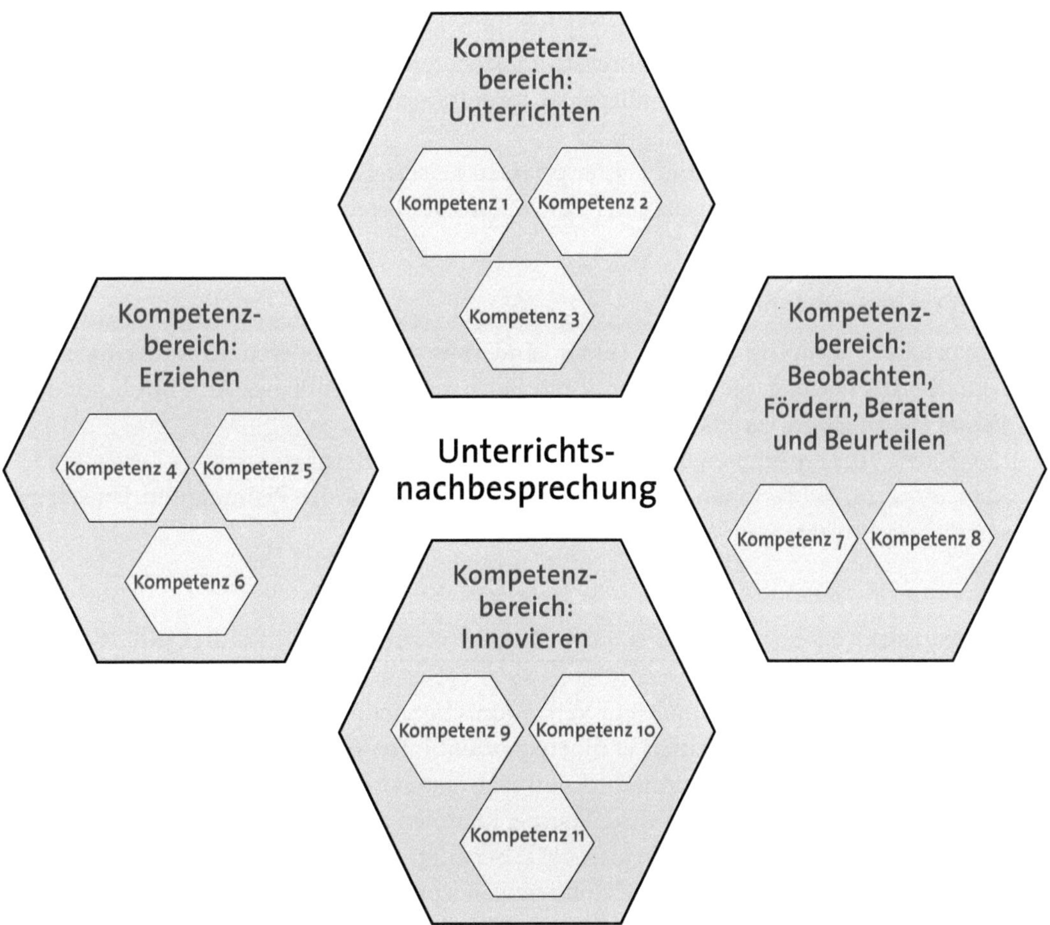


### Kompetenzbereich: Unterrichten

- *Kompetenz 1:* Lehrerinnen und Lehrer planen Unterricht fach- und sachgerecht und führen ihn sachlich und fachlich korrekt durch.
- *Kompetenz 2:* Lehrerinnen und Lehrer unterstützen durch die Gestaltung von Lernsituationen das Lernen von Schülerinnen und Schülern. Sie motivieren Schülerinnen und Schüler und befähigen sie, Zusammenhänge herzustellen und Gelerntes zu nutzen.
- *Kompetenz 3:* Lehrerinnen und Lehrer fördern die Fähigkeiten von Schülerinnen und Schülern zum selbstbestimmten Lernen und Arbeiten.

### Kompetenzbereich: Erziehen

- *Kompetenz 4:* Lehrerinnen und Lehrer kennen die sozialen und kulturellen Lebensbedingungen von Schülerinnen und Schülern und nehmen im Rahmen der Schule Einfluss auf deren individuelle Entwicklung.
- *Kompetenz 5:* Lehrerinnen und Lehrer vermitteln Werte und Normen und unterstützen selbstbestimmtes Urteilen und Handeln von Schülerinnen und Schülern.
- *Kompetenz 6:* Lehrerinnen und Lehrer finden Lösungsansätze für Schwierigkeiten und Konflikte in Schule und Unterricht.

**Kompetenzbereich: Beobachten, Fördern, Beraten und Beurteilen**

- *Kompetenz 7:* Lehrerinnen und Lehrer diagnostizieren Lernvoraussetzungen und Lernprozesse von Schülerinnen und Schülern; sie fördern Schülerinnen und Schüler gezielt und beraten Lernende und deren Eltern.
- *Kompetenz 8:* Lehrerinnen und Lehrer erfassen Leistungen von Schülerinnen und Schülern auf der Grundlage transparenter Beurteilungsmaßstäbe.

**Kompetenzbereich: Innovieren**

- *Kompetenz 9:* Lehrerinnen und Lehrer sind sich der besonderen Anforderungen des Lehrerberufs bewusst. Sie verstehen ihren Beruf als ein öffentliches Amt mit besonderer Verantwortung und Verpflichtung.
- *Kompetenz 10:* Lehrerinnen und Lehrer verstehen ihren Beruf als ständige Lernaufgabe.
- *Kompetenz 11:* Lehrerinnen und Lehrer beteiligen sich an der Planung und Umsetzung schulischer Projekte und Vorhaben.

## 1.3 Terminologische Abgrenzungen – der Begriff »Unterrichtsnachbesprechung«

*Unterrichtsnachbesprechung* in unserem Verständnis bezeichnet einen gesprächs- und zu Beginn zieloffenen Rahmen für einen kompetenzorientierten Einblick in die Stärken und die Arbeitsfelder einer Lehrkraft im Anschluss an eine Unterrichtshospitation bei der Lehrkraft, deren Unterricht nachbesprochen wird. Hierbei kommen auch Elemente des *Coachings* zum Tragen, wenn der Unterrichtende ein klares Ziel benennt, die Begleitung durch die Gesprächsleitung wünscht und eine wiederholte Unterrichtshospitation über einen mehrmaligen Zeitraum erfolgt. Eine Unterrichtsnachbesprechung wird zur *Beratung*, wenn die Gesprächsleitung explizit vom Unterrichtenden gebeten wird, eine besondere Stärke oder ein Problem gemeinsam herauszuarbeiten und Lösungsansätze zu finden. Weniger verbunden fühlen wir uns in diesem Zusammenhang mit dem manchmal im Amtsalltag der Schulaufsicht verwendeten Verständnis von Beratung, das von zusätzlichen Aufgaben der Schulinspektion geprägt ist: der Führung, Evaluation, Führungskräftefindung und -formung und im Einzelfall auch der (notwendigen) Kontrolle des ihnen anvertrauten Lehrpersonals.

Wir unterscheiden in der Unterrichtsnachbesprechung des Weiteren bezüglich der Anzahl der Beteiligten in der gängigen Variation der Mitwirkenden, wie sie im Schulalltag vorkommen:

| Nachbesprechungen mit zwei Beteiligten | Nachbesprechungen mit drei oder mehr Personen |
|---|---|
| • Unterrichtender<br>• Gesprächsleitung der Unterrichtsnachbesprechung | • Unterrichtender<br>• Gesprächsleitung der Unterrichtsnachbesprechung<br>• Weitere Beteiligte: Kollegium, Kollegiale Hospitationen mit Lehrergruppen, Betreuungslehrkraft, Praktikumsteilnehmer, Studienseminar der Lehrerausbildung, Mitglieder einer Prüfungskommission … |

## Ziel einer kompetenzorientierten Unterrichtsnachbesprechung | 1.4

Mithilfe der kompetenzorientierten Unterrichtsnachbesprechung verfolgen wir das Anliegen einer noch effektiveren Begleitung von Lehrkräften im Rahmen der Schul- und Unterrichtsentwicklung. Sie trägt nach unserer Erfahrung wesentlich zur Berufszufriedenheit und im weiteren Schritt zur Lehrergesundheit, auch der Gesprächsleitung, bei.

Die Lehrkraft, deren Unterricht besprochen wird, soll bereits vor, während und im Nachgang der Nachbesprechung

- positiv bestärkt werden,
- sich nicht in der Verteidigerrolle und Abwehrhaltung sehen und/oder befinden,
- ihre Gefühle zulassen können,
- über ihre Gefühle und ihre Bedeutung nachdenken können,
- sich selbst achten und akzeptieren können,
- die Nachbesprechung mit ihrem Selbstbild und ihrem Konzept vereinbaren können,
- Verantwortung für die Analyse und die Bewältigung des Besprochenen tragen,
- innere und äußere Hindernisse identifizieren und
- ihre Ressourcen finden.

### Grundbedingungen

Kompetenzorientierte Unterrichtsnachbesprechung

- braucht eine entspannte Situation ohne Zeitdruck,
- geht von der Wahrnehmung der Lehrkraft in ihrem gezeigten Können und ihrer Realität aus und
- muss Erwartungskonkordanz herstellen, d. h. sie berücksichtigt, was die Lehrkraft erwartet und wie sie mit dem Verlauf und dem Ergebnis der Beratung zufrieden ist.

Des Weiteren wird

- das gemeinsame Verständnis von Erziehung und Unterricht weiter entwickelt,
- die Arbeitsfreude, Motivation und Leistungsbereitschaft aller Beteiligten gefördert,
- die Kommunikation und die Zusammenarbeit zwischen den an der kompetenzorientierten Unterrichtsnachbesprechung Teilnehmenden intensiviert,
- die Eigenständigkeit und Eigenverantwortlichkeit aller Beschäftigten gestärkt
- u. a. m.

## Vorbereitung der Unterrichtsnachbesprechung | 1.5

### Ankündigung

- Wenn es möglich ist, kündigen Sie Ihren Besuch in einem von Ihnen als günstig wahrgenommenen Zeitintervall an oder vereinbaren Sie gemeinsam mit der Lehrkraft einen Termin. Durch die Vorinformation gelingt es dem Unterrichtenden noch besser, seine Kompetenzen und Stärken zu zeigen und sich seelisch auf den Unterrichtsbesuch mit Nachbesprechung einzustellen.
- Unter Umständen muss für Vertretungen des nachfolgenden Unterrichts gesorgt werden, wenn die betreffende Lehrkraft für den Zeitrahmen der Nachbesprechung Unterrichtsverpflichtung hat.

## Raum

- Belegen Sie einen Raum, in dem man ungestört ein Gespräch führen kann, dessen Möblierung auf Erwachsene ausgerichtet ist und der eine angenehme Atmosphäre ausstrahlt.
- Setzen Sie sich »über Eck«, um einen guten gemeinsamen Blick über die strukturierte Form der kompetenzorientierten Unterrichtsnachbesprechung zu erlangen.
- Eine ausreichend große Tischfläche zum Auslegen der Karteikärtchen erleichtert die Strukturierung und Visualisierung der Gesprächsinhalte.

## Material

- Beobachtungsbogen für Unterricht (KV 1)
- Gesprächsnotiz (KV 2)
- Meine Entwicklungsfelder (für die Lehrkraft) (KV 3)
- Impulskärtchen, Moderationskärtchen und Besprechungslandschaften zur kompetenzorientierten Unterrichtsnachbesprechung (KV 4a–6d)
- kleine weiße Blankokärtchen zum Mitschreiben der Inhalte

## Zeit

- Einigen Sie sich auf einen klaren Zeitrahmen für das Gespräch. Bewährt haben sich 45 Minuten pro gesehener Unterrichtsstunde. Auf diese Weise können alle Beteiligten den Rest des Tages planen.
- Ist die Hälfte der Zeit verstrichen, benennen Sie die verbleibende Gesprächszeit. So werden mit höherer Wahrscheinlichkeit alle wesentlichen zu besprechenden Inhalte thematisiert und es wird sich weniger in Bedeutungslosigkeiten verstrickt.

## Gesprächsführung

Die Gesprächsimpulse »Interessante Fragen als Kernstück kompetenzorientierter Unterrichtsnachbesprechung« und die Begleitmaterialien (Kap. 3) strukturieren die Gesprächsführung während der Unterrichtsnachbesprechung und geben allen Beteiligten Sicherheit. Die »Türöffner für eine kompetenzorientierte Unterrichtsnachbesprechung« (Kap. 2) unterstützen den Prozess eines gelungenen Einstiegs in die Nachbesprechung.

## Dokumentation

Notieren Sie wesentliche Inhalte des Gesprächs als Nachweis und Hilfestellung für das nächste kompetenzorientierte Unterrichtsnachgespräch (KV 2). Empfehlenswert ist je eine Abschrift für die Gesprächsleitung und die Lehrkraft.

## Zielvereinbarung

Unter den vielen Instrumenten der Schul- und Unterrichtsentwicklung sowie der Mitarbeiterführung hat sich das Führen mit Zielen als besonders wichtig und erfolgreich erwiesen. Lehrkräfte sollen dabei die Ziele der Schulentwicklung nicht nur verstehen, sondern direkt beteiligt und (mit)verantwortlich werden. Lehrkräfte müssen die Möglichkeit erhalten, sich an den Zielvereinbarungen aktiv zu beteiligen. Ohne Mitbeteiligung erhalten die Zielvereinbarungen den faden Beigeschmack gut getarnter Dienstanweisungen. Die Zielvereinbarungen beschreiben ein spezifisches End- oder Teilziel. Den Weg dorthin innerhalb schulischer Handlungsspielräume bestimmt die Lehrkraft selbst.

- Die Lehrkraft erhält einen Abdruck der ausgefüllten Gesprächsnotiz (KV 2) und eine Arbeitshilfe zur Konkretisierung der persönlichen Arbeitsschwerpunkte (KV 3 Meine Entwicklungsfelder).

Es hat sich bewährt, dass diese Arbeitshilfe zeitversetzt von der Lehrkraft mit selbst gewählten Handlungsfeldern ausgefüllt wird und entweder nochmals der Gesprächsleitung vorgestellt und/oder zum nächsten Unterrichtsbesuch mitgebracht wird.

# 2 Türöffner für eine kompetenzorientierte Unterrichtsnachbesprechung

## 2.1 Die Haltung der Gesprächsleitung

Kompetenzorientierte Unterrichtsnachbesprechung unterscheidet sich von beiläufigen Unterhaltungen über Unterricht im Lehrerzimmer dadurch, dass mit dieser das konkrete Ziel des Abgleichens von Wahrnehmungen zu einer speziellen gemeinsam erlebten Unterrichtsstunde verfolgt wird. Die Haltung der Gesprächsleitung ist dabei unter anderem von fünf Aspekten geprägt:

**Respekt**
Respekt vor der Person der unterrichtenden Lehrkraft, ihrer professionellen Meinung, den Unterrichtsentscheidungen und ihren Leistungen mit der Klasse sind die Grundlage der zwischenmenschlichen Kommunikation.

**Offenheit**
Auch Gesprächsleitungen haben Gefühle, die sie im kompetenzorientierten Unterrichtsnachgespräch auch spontan ausdrücken können. Wichtig ist allerdings dabei, diese Gefühle und Bedürfnisse als eigene Einstellungen und Emotionen wahrzunehmen und nicht die unterrichtende Lehrkraft dafür verantwortlich zu machen.

**Aktives Zuhören**
Aktives Zuhören setzt voraus, den anderen überhaupt ausreden zu lassen, ohne sofort zu bewerten.

Die Haltung der Gesprächsleitung

**Empathie**
Die Gesprächsleitung achtet die Gedanken und Gefühle der Lehrkraft. Sie stellt ihre eigenen Meinungen, Wertungen und Emotionen zurück und klärt, ob sie die Ausführungen der Lehrkraft richtig verstanden hat.

**Ich-Botschaften**
Gemeint sind hier Aussagen über eigene Wahrnehmungen und Deutungen der Gesprächsleitung zum gesehenen Unterricht. In der Ich-Form formuliert, wird ein Erzählen ermöglicht, ohne jemandem dabei Schuld zuzuweisen oder im Voraus festzulegen, wie es die Lehrkraft gemeint hat. Es wird ausgedrückt, wie eine Aussage oder Handlung bei der Gesprächsleitung angekommen ist bzw. was sie in ihr ausgelöst hat. So ist es weniger wahrscheinlich, dass sich die Lehrkraft angegriffen fühlt, und es stehen ihr damit mehr Reaktionsmöglichkeiten offen.

Eine erfolgreiche kompetenzorientierte Gesprächsführung hängt eng mit der verwendeten Sprache und dem Sprachverhalten der Gesprächsleitung zusammen, die wiederum eng mit deren Persönlichkeit und ihrem sprachlichen Geschick und Sensibilität verbunden sind.

Einer kompetenzorientierten Unterrichtsnachbesprechung abträglich sind: Befehle, Anordnungen, Mahnungen, Drohungen, Moralisieren, Predigten, Beschwörungen, schnelle konkrete Rezepte/Lösungen, Vorträge, Urteile, Beschimpfungen, Beschämungen, Verhörsituationen, …

Beispiele:

- »So wie Sie sich äußern, wird es als Reflexionsfähigkeits-Kompetenz in Ihre Beurteilung aufgenommen …«
- »Ich zeige Ihnen, wie Sie es richtig gemacht hätten …«
- »Am Ende steht Ihre dienstliche Verwendungseignung …«
- »Sie müssen …, nur dann …«
- »Wenn Sie nicht …, dann stellen Sie sich schon mal darauf ein …«

Für die kooperative Unterrichtsentwicklung förderlich sind Äußerungsbausteine, die der Lehrkraft die Freiheit geben, sich auf etwas einzulassen, etwas auszuprobieren:

- »Wenn Sie möchten, mache ich Ihnen einen Vorschlag …«
- »Darf ich Sie etwas ungewöhnlich Wirkendes fragen?«
- »Wenn Sie Ihre Impulskarten legen, haben Sie gleichzeitig die Möglichkeit, schon etwas neugierig zu werden, was es im weiteren Verlauf des Gesprächs aufzuspüren gibt.«
- »Darf ich Sie einladen, mit mir die Nachbesprechung …«
- »Vielleicht gelingt es uns, über die strukturierte Form der Nachbesprechung etwas Spannendes für Ihre Weiterarbeit zu entdecken …«

Im Folgenden lesen Sie eine Version des Gesprächsbeginns, die zu hoher Wahrscheinlichkeit Widerstand bei der Lehrkraft erzeugen wird, und, gegenübergestellt, eine Möglichkeit, die stärker motivierend wirken kann.

**Gesprächsleitung:** Folgende Form der Nachbesprechung Ihres Unterrichts ist für Sie vorgesehen: Sie entscheiden sich für Impulskärtchen, die den Schwerpunkt der Unterrichtsnachbesprechung bilden werden. Da können wir gleichzeitig überprüfen, ob Sie die Knackstellen in Ihrem Unterricht mit einer Auswahl an Kriterien guten Unterrichts verstanden haben und ob Sie diese reflektieren können oder nicht.

**Gesprächsleitung:** Ich lade Sie zu einem kleinen Experiment ein, den Unterricht mit Impulskarten nachzubesprechen. Ich bin schon gespannt, was Sie dabei über Ihr Unterrichten und sich selbst herausfiltern werden.
Während ich Ihnen kurz die mögliche Vorgehensweise erläutere, können Sie schon neugierig werden, was es an dem gemeinsam von uns erlebten Unterricht zu entdecken gibt!

|  |  |
| --- | --- |
| Diese eher auf das Machtgefälle zwischen Gesprächsleitung und Lehrkraft angelegten Sprachreihen<br>• unterstellen der Lehrkraft mangelnde Kompetenzen,<br>• betonen die Überlegenheit und Macht der Gesprächsleitung,<br>• setzen die Lehrkraft herab und<br>• führen zu einem innerlichen Rückzug der Lehrkraft. | Diese eher kooperativ angelegten Sprachreihen<br>• aktivieren die Kompetenzen und Erfahrungen der Lehrkraft,<br>• akzeptieren gegebenenfalls den Informationsvorsprung der Gesprächsleitung,<br>• beinhalten eine eher professionelle, akzeptierende Grundhaltung und<br>• aktivieren die Lehrkraft zum Reflektieren und ermutigen sie, ins Gespräch zu kommen. |

Diese Hinweise sind Aufmerksamkeitsrichtungen, aber keine Rezepte, damit Gespräche gelingen. Entscheidend für ein gelungenes Gespräch ist eine offene und ehrliche Haltung der Gesprächsleitung. Vorurteile oder fest gefasste Meinungen sind für die Lehrkraft schnell spürbar und reduzieren die nachhaltig kompetenzorientiert angelegte Unterrichtsnachbesprechung in ihrer Wirkung.

**Tipp:** Die Strukturierung des kompetenzorientierten Unterrichtsnachgesprächs mit den Impulskarten und/oder den Besprechungslandschaften hilft, wichtige Inhalte nicht zu vergessen, und die Gesprächsleitung kann der Lehrkraft noch mehr Aufmerksamkeit widmen.

## 2.3 Interessante Fragen als Herzstück kompetenzorientierter Unterrichtsnachbesprechung

Als Gesprächsleitung ist man einerseits oft verführt zu meinen, die Kompetenzen und Stärken der Lehrkraft mit einem kleinen Motivationsfeuerwerk stützen zu müssen, und andererseits bei »Problemen« der Lehrkraft wie ein Mediziner etwas zu verschreiben, in dem Sinn: Situation A mit diesen Auswirkungen erfordert Handlung B, damit es anders/besser wird. Dabei wird oft übersehen, dass es oft nur die einseitige Erfahrung der Gesprächsleitung ist, die der unterrichtenden Lehrkraft übergestülpt wird. Diese verkennt zuweilen den aktuellen Kontext der Unterrichtssituation mit dieser speziellen Lehrkraft (und ihrer Geschichte) mit diesen Kindern (und deren Geschichte) in ihrem Zusammenwirken (gemeinsame Geschichte von Lehrkraft und Schülern).

Der Ansatz kompetenzorientierter Unterrichtsnachbesprechung ist es, mit der Lehrkraft zusammen näher hinzuschauen und passende Fragen und Impulse zu setzen:

- »Was bedeutet diese Kompetenz und Stärke (und umgekehrt auch Optimierungsfelder) in Ihrem Unterrichten für den einzelnen Schüler/für Marlena?«
- »Was bedeutet diese Kompetenz und Stärke (und umgekehrt auch Optimierungsfelder) in Ihrem Unterrichten für die Klasse?«

- »Wie genau haben Sie das gemacht, dass diese Kompetenz und Stärke auch sichtbar wurde?«
- »Wer hat am meisten von dieser Kompetenz und Stärke, Sie als Lehrkraft eingeschlossen?«
- »Wer profitiert am wenigsten von dieser Kompetenz und Stärke, Sie als Lehrkraft eingeschlossen?«
- »Welche Abläufe im Unterrichtsgeschehen bewähren sich besonders gut durch diese Kompetenz und Stärke?«

Die Hintergrundfolie für die Gesprächsleitung in der kompetenzorientierten Unterrichtsnachbesprechung ist der Ansatz, der unterrichtenden Lehrkraft Raum zu geben, in dem sie selbst (wieder) zum Fachmann für ihre nächsten Handlungsschritte und -ziele wird.

Die Art und Weise, wie Sie fragen und den Nachbesprechungsprozess strukturieren, hat entscheidenden Wirkungseinfluss auf das Verhalten der Lehrkraft. Das Gespräch kann sie darin beeinflussen, ihren Unterricht zu verändern, weiterzuentwickeln und »guten Unterricht« anzustreben, oder es kann diese Bereitschaft mindern.

Im Folgenden unterscheiden wir den Verlauf eines Gesprächs kontrastierend in seiner Auswirkung: zum einen wenn das Problem fokussiert wird (linke Seite der Tabelle), zum anderen wenn kompetenzorientierte Impulse gegeben werden (rechte Seite).

**Lehrkraft (L): Meine Schüler schaffen es einfach nicht, selbstständig zu arbeiten!**

| Problemorientierter Verlauf einer Unterrichtsnachbesprechung | Kompetenzorientierter Verlauf einer Unterrichtsnachbesprechung |
|---|---|
| **Gesprächsleitung (G):** Es beschäftigt Sie, dass Ihre Schüler wenig allein arbeiten können. | **(G):** Sie wünschen sich, dass Ihre Schüler noch eigenständiger und konzentrierter an einer Sache, die zu tun ist, arbeiten. |
| **(L):** Genau. Schüler in diesem Alter sollten sich über einen bestimmten Zeitraum schon mit Lerninhalten auseinandersetzen können. | **(L):** Genau. Ich möchte, dass die Schüler erkennen, dass sie Aufgaben selbst erledigen können müssen. In einem Test oder bei Vergleichsarbeiten kann ihnen auch niemand helfen. |
| **(G):** Woran machen Sie die Unselbstständigkeit genau fest? | **(G):** Nur mal vorgestellt, Ihre Kinder arbeiten über einen längeren Zeitraum eigenständig an einem Unterrichtsinhalt, wie erkennen Sie das? |
| **(L):** An der ganzen Arbeitshaltung, und mit welchen Lauten sie überhaupt ihre Arbeitsmaterialien herholen. Da ist die Klasse wie ein Zoo mit unterschiedlichen Tieren und passenden meckernden Tierlauten. | **(L):** Sie gehen mit Freude an die Sache. Schon wenn ich beginne, die Thematik anzusagen, leuchten die Gesichter. |

| Problemorientierter Verlauf einer Unterrichtsnachbesprechung | Kompetenzorientierter Verlauf einer Unterrichtsnachbesprechung |
|---|---|
| **(G):** An welchen Stellen machen Sie diesen Vergleich mit dem Zoo in Ihrer Klasse fest? | **(G):** Schauen wir mal zurück in das laufende Schuljahr, wann war der Stand zum gelungenen selbstständigen Arbeiten, vielleicht auch nur kurz andauernd, am höchsten? |
| **(L):** Schon bevor der Arbeitsauftrag überhaupt zu Ende gegeben wurde. Eigentlich geht es mir schon so, wenn ich zur Türe reinkomme. Null Bock! Früher war das alles anders! | **(L):** Das war einmal der Fall, als wir das Schreibprojekt »Ritter und Burgen« hatten. Da haben die Kinder mit Feuereifer gearbeitet. |
| **(G):** Sie haben das Gefühl, die Kinder sind nicht motiviert, überhaupt zu arbeiten. Woran machen Sie das fest? | **(G):** Erzählen Sie mir das genauer. Das interessiert mich. Was genau haben Sie da gemacht? Was genau hat den Schülern und Ihnen besonders gefallen? |
| **Beurteilung des Gesprächsverlauf und dessen Folgen** | |
| Die Lehrkraft wurde aufgefordert, das »Problem« zu fokussieren, sie sollte erörtern, auf welchen Fundamenten die »mangelnde Arbeitshaltung« der Schüler ruht. | Die »Klage« der Lehrkraft wurde positiv zur Zielkompetenz hin umformuliert. Im Weiteren wurde versucht, Situationen zu finden, wo diese angestrebte Kompetenz zumindest zum Teil bereits gelungen war, und die Lupe der Aufmerksamkeit daraufgehalten. Gleichzeitig wird unterstellt, dass es der Lehrkraft in der Vergangenheit bereits gelungen ist, die genannte Kompetenz zu erreichen. |
| **Folge** | |
| Die Lehrkraft »kotzt« sich nur aus. Die negative emotionale Haltung wird bestärkt. Das Problemsegment wirkt wie ein Filter und reduziert die Fokusmöglichkeit einer kreativen Veränderung. Gesprächsleitung und Lehrkraft schwimmen weiter im Tiegel der Problemhaftigkeit und Ausweglosigkeit. | Die Aussagen der Lehrkraft sind emotional positiver besetzt. »Verschüttete«, bereits erfolgreich durchgeführte Kompetenzansätze werden betrachtet. Dies ist zugleich eine gute Voraussetzung, um weitere kreative Veränderungsmöglichkeiten zu eröffnen. |

**Tipp:** An der Tiefe der Antworten, dem emotionalen Anteil und der sich ergebenden Beziehungsqualität erkennen Sie, ob der von Ihnen gegebene Frageimpuls die unterrichtende Lehrkraft erreicht hat oder nicht.

Kompetenzorientierte Fragen der Gesprächsleitung weisen unter anderem folgende Qualitäten auf:

- Kompetenzorientierte Fragen sind nicht spontan und sofort in einem Atemzug beantwortbar. Falls doch, hat die Frage in der Regel kein tieferes Nachdenken bei der unterrichtenden Lehrkraft ausgelöst.
- Kompetenzorientierte Fragen irritieren auf den ersten Blick und eröffnen neue Sichtweisen auf den bisher erlebten Unterrichtsverlauf.
- Kompetenzorientierte Fragen laden zum »Erzählen« ein. Damit ist kein sinnleeres zeitfüllendes Plaudern gemeint, sondern es geht darum, Ausschnitte von Situationen genauer zu beschreiben und in ihrer Auswirkung zu beleuchten.
- Kompetenzorientierte Fragen stoßen Denkprozesse bei der Lehrkraft an und lassen aber die Verantwortung für das Ergebnis bei der angesprochenen Person, weil sie einen tatsächlichen und nicht nur vorgetäuschten Denk- und Handlungsspielraum einräumen.

Daraus ergeben sich auch die drei »Z« der Beratung für die Gesprächsleitung.

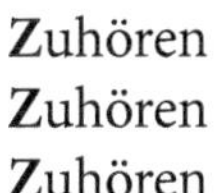
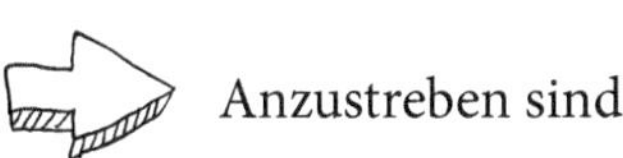

Zuhören
Zuhören
Zuhören

Anzustreben sind:

**70 Prozent Redeanteil** bei der unterrichtenden Lehrkraft in der kompetenzorientierten Unterrichtsnachbesprechung!

Wie die unterrichtende Lehrkraft im kompetenzorientierten Unterrichtsnachgespräch den Unterricht sieht, spiegelt aus konstruktivistischer Sicht nicht wider, wie der Unterricht war, sondern wie die unterrichtende Lehrkraft den Unterricht wahrgenommen hat. Die kompetenzorientierten Frageimpulse regen die Lehrkraft an, über sich selbst nachzudenken, ihren Wahrnehmungs- und Erfahrungsspielraum zu vergrößern und wie mit einem Vergrößerungsglas das Augenmerk darauf zu lenken, was bereits gut und sehr gut klappt. Letztlich entscheidet die Lehrkraft, was sie aus dem kompetenzorientierten Unterrichtsnachgespräch macht, was sie umsetzt, mit Kopf, Herz und Hand. Kompetenzorientierte Fragen ermöglichen der Lehrkraft eine Gedankenreise, auf der es darum geht, gewohnte Pfade wertzuschätzen, vor allem Lust auf neue oder verschüttete Wege zu machen, um damit die Bereitschaft zur motivierten Weiterentwicklung von Unterricht zu erhöhen. Im Folgenden haben wir für Sie eine Zusammenschau mehrfach erprobter und bewährter Fragearten der kompetenzorientierten Unterrichtsnachbesprechung für die Praxis zusammengestellt.

**Übersicht Fragearten:**

- 2.3.1 Fragen nach Ausnahmen
- 2.3.2 Zirkuläres Fragen
- 2.3.3 Reframing
- 2.3.4 Einschätzungsskala
- 2.3.5 Beobachtungsauftrag
- 2.3.6 Wunderfrage
- 2.3.7 Externalisieren
- 2.3.8 Ressourcen- und Unterstützerfrage
- 2.3.9 Entscheidungsfragen
- 2.3.10 Aufreizende Frage
- 2.3.11 Metaphern

Allen Fragearten gemein ist, dass sie das Können und die Kompetenz der Lehrkraft in den Mittelpunkt stellen. Von diesem Ausgangspunkt entwickeln sich gute Ansatzpunkte zur Kompetenzstärkung und -erweiterung der Lehrkraft.

## 2.3.1 | Fragen nach Ausnahmen

### Grundidee

Es werden Situationen fokussiert, die nicht »problembehaftet« sind. Diese werden näher betrachtet und als Ausgangspunkt für Veränderung genommen.

### Tipps zum Einsatz für die Gesprächsleitung

- Bei Lehrkräften, die nur von Problemen, Schwierigkeiten und weiteren ausweglosen Situationen erzählen.
- Auch wenn sich zunächst keine Ausnahme finden lässt, als Gesprächsleitung nicht zu schnell nachgeben und weiterfragen, ob sich nicht doch eine Ausnahme finden lässt, mit der weitergearbeitet werden kann.

### Vorgehen

Die Lehrkraft beschreibt ganz konkret, wie sie die »Ausnahmesituation« erlebt, was sie selbst dazu beigetragen hat und welche Auswirkungen bei allen an der Situation Beteiligten zu spüren sind.

### Beispielfragen

- Erzählen Sie mir bitte von Unterrichtssituationen, wo es nicht so war.
- *Folgefragen:* Was haben Sie in dieser Zeit (anders) gemacht? Wie haben Sie es bewerkstelligt, dass die Schwierigkeit nicht aufgetreten ist? Wie noch? … Wie noch?

## 2.3.2 | Zirkuläres Fragen

### Grundidee

Weitere (nicht anwesende) Personen aus dem Umfeld der Lehrkraft werden indirekt miteinbezogen.

### Tipps zum Einsatz für die Gesprächsleitung

- Bei Lehrkräften, die in ihrer eigenen Sichtweise verhaftet bleiben und den Blick für das große Ganze verloren haben oder ihn zu verlieren drohen. Es entsteht ein größeres Gesamtbild, das hilft, klarere Entscheidungen zu treffen. Ebenfalls gut einsetzbar, um die Stimmung aufzuhellen, je nachdem, wer indirekt miteinbezogen wird.
- Den (nicht anwesenden) Personen kann auch ein Symbol zugeordnet werden, das mit an den Tisch gesetzt wird (falls es gegenständlich ist) oder mit als kleine Skizze einen »Platz« in der Gesprächsrunde erhält.

### Vorgehen

Die Lehrkraft wird zu Sichtweisen anderer (nicht anwesender) Personen gefragt.

### Beispielfragen

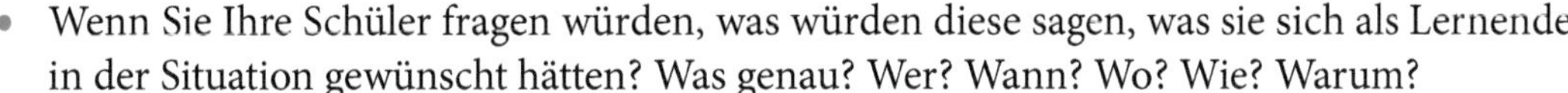

- Wenn Sie Ihre Schüler fragen würden, was würden diese sagen, was sie sich als Lernende in der Situation gewünscht hätten? Was genau? Wer? Wann? Wo? Wie? Warum?

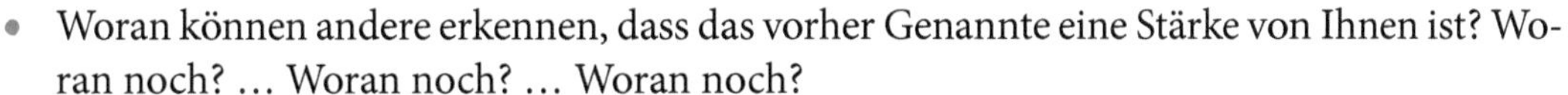

- Woran können andere erkennen, dass das vorher Genannte eine Stärke von Ihnen ist? Woran noch? ... Woran noch? ... Woran noch?
- Wenn Sie die Eltern Ihrer Schüler fragen würden, woran können diese erkennen, dass Sie das vorher Genannte gut und sehr gut gemacht haben? Was würden die Eltern sagen, wie Sie das schaffen?

## Reframing | 2.3.3

### Grundidee

Die Lehrkraft entdeckt eine weitere Möglichkeit, eine Situation des Unterrichts zu sehen und stärker als »neue Aufgabe« und »Herausforderung« anzunehmen und sich dabei auch von der Situation zu distanzieren. Reframing stellt im größeren Rahmen die gute Absicht hinter ein Erlebnis oder eine Handlungsfolge und macht eine Verhaltensänderung gezielter und lösungsorientierter möglich. Lässt sich ein Anteil in der Lehrerpersönlichkeit personalisieren, kann mit diesem direkt gesprochen werden.

### Tipp zum Einsatz für die Gesprächsleitung

Zur emotionalen Entlastung der Lehrkraft: Die Lehrkraft wird eingeladen, die jeweilige, manchmal auch ausweglos scheinende Situation als Chance zu begreifen. Dies motiviert zu neuen Sichtweisen und Handlungsschritten.

### Vorgehen

Wenn zum Beispiel der Lehrkraft ihr sehr kleinschrittiges Stellen von Arbeitsaufträgen, das zu Irritationen in der Klasse führt, bewusst ist, spricht die Gesprächsleitung die gute Absicht dahinter an: »Wenn Sie dies (= Verhalten) schon über einen längeren Zeitraum so machen, dann ist es ja vorstellbar, dass es irgendwann einmal hilfreich war, um die Basis für etwas zu schaffen (= Absicht) ...«

### Beispielfragen

- Darf ich Sie zu einer neuen Sichtweise einladen: Wenn die erlebte Situation eine kluge Beraterin ist, was will sie Ihnen damit sagen?
- *Positive Übersetzungen von Aussagen der Lehrkraft:*
  (L): Ich bin immer zu reglementierend mit den Schülern.
  (G): Ich kann den Schülern ruhig zutrauen, das Vorgehen, wie sie zum Ziel kommen wollen, selbstständig zu entscheiden.

## 2.3.4 | Einschätzungsskala

### Grundidee

Die Lehrkraft wird eingeladen, sich selbst auf einer Skala einzuschätzen und zu positionieren, um von diesem Standpunkt aus weitere Handlungsschritte zum Fortschreiten zu entwickeln. Im Zusammenhang mit kompetenzorientierter Unterrichtsnachbesprechung wird evaluiert, was denn an Kompetenzen schon vorhanden ist, von denen aus man Handlungspläne weiterentwickeln kann.

### Tipps zum Einsatz für die Gesprächsleitung

- Je nach Situation sind auch sehr kleine Schritte schon ein Fortschritt.
- Kann sehr gut mit dem Einschätzen anderer (nicht anwesender) Personen kombiniert werden (vgl. »Zirkuläres Fragen«).
- Die Skala nicht mit 0 anfangen, die 1 impliziert bereits einen Fortschritt.

### Vorgehen

Der Lehrkraft wird zu einer bestimmten Thematik eine Skala von 1 (sehr wenig) bis 10 (sehr hoch) eröffnet, auf der sie sich einordnen soll.

### Beispielfragen

- Stellen Sie sich bitte eine Skala von 1 bis 10 vor. 1 ist »Ich habe gar kein Handlungswissen über die Möglichkeit, eine Situation, die ich mir ausgewählt habe (z. B. Verringerung des Geräuschpegels in der Stillarbeitsphase), zu ändern« und 10 ist »Ich habe sehr hohes Handlungswissen darüber, die von mir gewählte Situation zu ändern«.
- *Kombination mit zirkulärem Fragen:* Wenn Ihre Schüler Sie einschätzen sollen auf einer Skala von 1 bis 10 …

## 2.3.5 | Beobachtungsauftrag

### Grundidee

Ein gezielter Beobachtungsauftrag lenkt den Blickwinkel und bestimmt den Wahrnehmungskegel der Lehrkraft. Beobachtungsaufträge im Zusammenhang mit kompetenzorientierten Unterrichtsnachbesprechungen legen den Fokus auf bereits Gelungenes oder auf Handlungen, deren Gelingen erwartet wird.

### Tipps zum Einsatz für die Gesprächsleitung

- Beobachtungsaufträge steigern die Motivation, wenn sie auf Erfreuliches gerichtet werden. Getreu dem Motto: »Lieber Schätze finden, als Fehler suchen!«
- Erlaubnis einholen, ob man eine »Beobachtungs(haus)aufgabe« stellen darf.
- Eignet sich besonders bei Lehrkräften, die Schwierigkeiten haben, Fortschritte zu erkennen.

### Vorgehen

Die Lehrkraft wird eingeladen, sich selbst und/oder andere genauer zu beobachten.

### Beispielfragen

- Beobachten Sie bitte, ob Sie mit dem, was Sie sich vorgenommen haben, bereits kleine Wirkungen erzielen.
- Achten Sie bitte darauf, was Ihnen am Verhalten von Kai gut gefällt, auch wenn er Ihnen manchmal den letzten Nerv raubt.

## Wunderfrage | 2.3.6

### Grundidee

Die Lehrkraft stellt sich vor: In der Zukunft wird es eine Lösung geben. An dieser, so das Gedankenspiel, hat die Lehrkraft aktiv mitgearbeitet.

### Tipps zum Einsatz für die Gesprächsleitung

- Dieser Impuls eignet sich besonders gut, wenn scheinbar gar keine Lösung in Sicht ist und die Lehrkraft aber an Weiterentwicklung interessiert ist.
- Der Entwicklungsraum, diese Idee der Lösung in der Zukunft erlebbar zu machen und sich in der Vorstellung genau auszumalen, umfasst nicht nur zwei Minuten, sondern braucht erfahrungsgemäß etwas Zeit.

### Vorgehen

Die Lehrkraft wird gebeten, sich ganz genau und konkret vorzustellen, wie die »Schulwelt« aussähe, wenn sich dieses Wunder ereignet, wie es sich anfühlt, woran man das Wunder erkennt usw.

### Beispielfragen

- Mal angenommen, es ereignet sich ein Wunder. Die Schwierigkeiten, die vor Ihnen liegen, sind mit einem Mal weg. Woran erkennen Sie, dass das Wunder geschehen ist, bei sich und auch bei anderen?
- Was werden Sie nach dem Eintreten des Wunders nun beibehalten, was werden Sie anders machen?
- Wer von den anderen wird nach Ihnen bemerken, dass ein Wunder geschehen ist? Woran?

## 2.3.7 | Externalisieren

### Grundidee

Externalisieren beschreibt den Prozess der Verlagerung von Gefühlen, Motiven oder Zuschreibungen nach außen.

### Tipps zum Einsatz für die Gesprächsleitung

- Dadurch, dass das Problem nach außen verlagert wird, wird eine Schwierigkeit der Lehrkraft konkreter und greifbarer. Vorteilhaft ist, wenn von der Lehrkraft für diese »Außenprojektion« ein konkretes Symbol gefunden (z. B. Stein, Kampfhund, Blume, Nagel, ...) oder aufgezeichnet wird. Mit diesem Symbol oder der Zeichnung kann dann kommuniziert werden (der Kampfhund/»innere Schweinehund« wird auch mal weggesperrt oder mit Leckerli gelockt, ...).
- Besonders gut geeignet bei Problemen, die mit Angst verbunden sind, und bei Lehrkräften mit Überlastungsanzeichen.

### Vorgehen

Die Lehrkraft wird gebeten, die Schwierigkeit genau zu betrachten, ein Symbol dafür zu finden und zu überlegen, was man mit dem gefundenen Symbol machen kann: zum Beispiel in welchen Situationen das Symbol auch eine Hilfe sein kann, andererseits, wann es auch nicht angebracht ist, sich von dem Symbol beherrschen zu lassen.

### Beispielfrage

Schauen Sie sich die Schwierigkeit genau an. Welches Symbol, welcher Gegenstand, welche Farbe passt genau dazu? Lassen Sie sich Zeit, etwas zu finden ... Beschreiben Sie das Symbol genau. Welche Sinne spricht es besonders an?

## 2.3.8 | Ressourcen- und Unterstützerfrage

### Grundidee

Manchmal sind Lehrkräfte wie Rosenzüchter. Sie sehen vor lauter Stacheln (Probleme der Lehrkraft) die Rose selbst (die eigenen Stärken und Kompetenzen der Lehrkraft) nicht mehr. Durch eine Gedankenreise in die Vergangenheit werden die »Rosen« als Stärken der Lehrkraft wieder in den Mittelpunkt der Wahrnehmung gerückt. Dabei können auch wichtige Personen, die die Lehrkraft in ihrem Lebensweg unterstützt haben, eine Bedeutung bekommen.

### Tipp zum Einsatz für die Gesprächsleitung

Besonders gut geeignet, wenn sich die Rahmenumstände von Unterricht nicht ändern lassen.

### Vorgehen

Die Lehrkraft wird gebeten, vergangene Erfolge, seien es kurz-, mittel- und/oder langfristige, zu benennen, und zu beschreiben, was genau und/oder wer dazu beigetragen hat, dass es Erfolge wurden.

### Beispielfragen

- Die Situation mit Ihren erziehungsschwierigen Schülern ist nicht leicht. Wie gelingt es Ihnen trotzdem, dass die Schüler etwas lernen?
- Wer war auf Ihrem bisherigen Weg Ihr Begleiter und Unterstützer? Was genau hat er an Ihnen geschätzt? Woran haben Sie das gemerkt?

## Entscheidungsfragen | 2.3.9

### Grundidee

Steht die Lehrkraft zwischen zwei Handlungsmöglichkeiten, ist es sinnvoll, dass die Gesprächsleitung die zwei Möglichkeiten klar benennt, um eine bewusste(re) Entscheidung möglich zu machen.

### Tipp zum Einsatz für die Gesprächsleitung

Eignet sich besonders gut, wenn die Lehrkraft in einem Entscheidungsdilemma steht.

### Vorgehen

Die Lehrkraft wird gebeten, sich einem der beiden Entscheidungspole anzunähern.

### Beispielfragen

- Einerseits …, andererseits … Zu welcher Möglichkeit neigen Sie, wenn Sie die langfristigen Folgen betrachten? Wie fühlen Sie sich dabei?
- *Beispiel:* Einerseits ist es eine Möglichkeit, den Schüler, der den Unterricht stört, in die Nachbarklasse zu setzen, und alle im Raum Verbleibenden können ungestörter lernen, andererseits ist der Störende dadurch allein auf sich gestellt und kann Verantwortung für sein Lernen zwar übernehmen, ist aber sozial isoliert. Zu welcher Möglichkeit neigen Sie, wenn Sie die langfristigen Folgen betrachten? Wie fühlen Sie sich dabei?

## 2.3.10 | Aufreizende Frage

### Grundidee

Durch eine aufreizende Frage wird die Lehrkraft überrascht und emotional herausgefordert, sie regt zum Nachdenken über den eigenen Beitrag von entstandenen (Problem-)Situationen im Unterricht an. Die Gesprächsleitung formuliert einen Frageimpuls überspitzt, um der Lehrkraft zu helfen, den eigenen Standpunkt neu festlegen zu können.

### Tipps zum Einsatz für die Gesprächsleitung

- Diese Art der Fragen nicht als Gesprächseinstieg einer kompetenzorientierten Unterrichtsnachbesprechung wählen.
- Eignet sich gut, wenn die Lehrkraft selbst für die entstandenen Situationen in höherem Anteil mitverantwortlich ist.

### Vorgehen

Die Gesprächsleitung formuliert die Schwierigkeit der Lehrkraft um und überspitzt die Aussage.

### Beispielfragen

- Das hört sich wirklich schwierig an. Was haben Sie selbst zu diesem Problem beigetragen?
- Was würde Ihnen Ihr schlimmster Schüler raten, was Sie tun müssen, damit es in der Klasse richtig drunter und drüber geht?
- Wie hoch müssen Sie Ihre Ansprüche noch schrauben, damit garantiert weder Sie noch ein Kind diese Ansprüche erreichen können?

## 2.3.11 | Metaphern

### Grundidee

Bildhafte Sprache und Vergleiche spielen eine tragende Rolle, um noch besser Veränderungsprozesse in Gang zu setzen. Sie motivieren und können helfen, eine erweiterte Perspektive auf ein Geschehen im Unterricht einzunehmen. Sie schaffen eine innere Wirklichkeit oder sind, wenn sie nicht von der Gesprächsleitung, sondern von der Lehrkraft gebraucht werden, Ausdruck innerer Wirklichkeit, an die die Gesprächsleitung anknüpfen kann.

### Tipps zum Einsatz für die Gesprächsleitung

- Eignen sich zu jeder Phase der kompetenzorientierten Unterrichtsnachbesprechung.
- Die Lehrkraft kann auch aufgefordert werden, eine Metapher oder ein Bild für die Situation im Unterricht zu finden.

### Vorgehen

Die Gesprächsleitung achtet auf bildhafte Sprache, die die Lehrkraft verwendet, greift sie auf und/oder führt sie in ein weiteres Bild.

### Beispielfragen

- Sie haben gesagt, dass die eine Schülergruppe wie in einem Schützengraben darauf lauert, mit Albernheiten aus der Deckung zu kommen. Welche Geschichte und welche Interessen könnten hinter diesem kriegsähnlichen Zustand stecken?
- Was bräuchten Sie, damit Sie im Unterricht so lustbetont wie diese Schülergruppe sogar wiederholt wie auf einem Trampolin vor Freude an die Decke springen könnten?

## Fragenspeicher für eine kompetenzorientierte Unterrichtsnachbesprechung | 2.4

Im Folgenden haben wir für Sie Auswahlmöglichkeiten an Gesprächsimpulsen zusammengestellt, wie sie in einer kompetenzorientierten Unterrichtsnachbesprechung eingebracht werden können. Selbstverständlich können diese Fragen mit den »Interessanten Fragen als Kernstück kompetenzorientierter Unterrichtsnachbesprechung« (vgl. 2.3) kombiniert werden. So wird eine noch effektivere Nachbesprechung möglich.

**Übersicht Fragenspeicher:**

- 2.4.1 Einleitende Worte
- 2.4.2 Unterricht differenzierter betrachten
- 2.4.3 Frage nach den Faktoren des Gelingens
- 2.4.4 Analyse der Entwicklungshistorie von Stärken
- 2.4.5 Suche nach aktuellen Momenten künftiger Stärken
- 2.4.6 Zielvereinbarungen treffen – entwicklungsorientiert fragen
- 2.4.7 Abschluss
- 2.4.8 Perspektiven der Weiterarbeit
- 2.4.9 Resümee

Die Gesprächsleitung sucht zusammen mit der Lehrkraft Erfolgsfaktoren und Kompetenzen für das Gelingen des Unterrichtsgeschehens, benennt diese und erläutert deren Wirkweise im konkreten Unterrichtsprozess.
Zentral ist dabei das subjektive Wirkfeld der Erfolgsfaktoren im positiven Wirkbereich der Lehrkraft.
Die Lehrkraft benennt das Gelungene, orientiert an den eigenen Maßstäben.
Die Impulskarten (KV 4a–d) in Kombination mit den weißen Blankokärtchen strukturieren den Inhalt des Gesprächs zum Tischbild.

## Einleitende Worte | 2.4.1

### Smalltalk

- Möchten Sie erst etwas durchschnaufen?
- Möchten Sie etwas zu trinken?
- …

»Smalltalken« lässt sich am besten über die Situation, in der sich beide Gesprächspartner befinden, oder über den Ort, das Wetter, u. a. m.

- *Einstieg in die Nachbesprechung: Übergeordnet:*

- ▸ Wie muss das Gespräch verlaufen, dass Sie im Nachhinein sagen, es hat sich gelohnt?

- Sie haben das erste Wort, um Ihre Wahrnehmungen zu Ihrer Stunde darzustellen. (*Gegebenenfalls:* Beziehen Sie Ihre Einfälle auf Ihr Stundenziel und die anderen von Ihnen verfolgten Ziele, wenn Sie das möchten.)
- Welche Lernprozesse haben Sie in Ihrer Stunde bei den Schülern angestoßen?
- Wo hatten die Schüler eine Gelegenheit, sich ihren Lernzuwachs bewusst zu machen? Wie machen Sie dies als Lehrkraft?
- Wo und wie konnten sich die Schüler aktiv beteiligen?
- Wo und wie konnten Sie sich als Lehrkraft aktiv beteiligen?
- Wo und wie konnten Sie sich als Lehrkraft zurücknehmen?
- …

## 2.4.2 | Unterricht differenzierter betrachten

Die Lehrkraft benennt besondere Wahrnehmungen, Fragen, Auffälligkeiten, Ereignisse, … im Zusammenhang mit dem Unterrichtsgeschehen und dessen Rahmenumständen.
Die Gesprächsleitung bittet um differenziertere Aussagen, um die Lehrkraft dabei zu begleiten, eine Situation/einen Verlauf des Unterrichtsgeschehens noch besser und tiefer zu verstehen. Getroffene Aussagen und Kompetenzen notiert die Gesprächsleitung zur Visualisierung auf Blankokarteikärtchen (KV 4d) mit. So geht kein Inhalt verloren und es entsteht eine Struktur. Mögliche Querverbindungen und Beziehungen der von der Gesprächsleitung notierten Punkte zum Unterrichtsgeschehen können durch Verschieben und/oder Hierarchisieren der Impulskarten noch besser vor Augen geführt werden.

Wenn Sie an Ihren Unterricht denken:

- Was ist in der Stunde anders gelaufen als geplant? Was genau? Wer war beteiligt? Wann, wo, wie, warum?
- Was ist in der Stunde so gelaufen wie geplant? Was genau? Wer war beteiligt? Wann, wo, wie, warum?
- Was hat Sie irritiert? Was genau? Wer war beteiligt? Wann, wo, wie, warum?
- Wenn Sie Ihre Schüler fragen würden, was würden diese sagen, was sie sich als Lernende in der Situation gewünscht hätten? Was genau? Wer war beteiligt? Wann, wo, wie, warum?
- Welche Wirkung hatten Ihre Maßnahmen im Unterricht? Wann, wo, wie, auf wen, warum?
- Wie weitreichend waren die Wirkungen Ihrer Maßnahmen? Wann, wo, wie, warum?

Die Gesprächsleitung bestätigt und erweitert die Wahrnehmungen, Beobachtungen, Deutungen und Erkenntnisse, die die Lehrkraft gemacht hat. Falls die Lehrkraft keine eigenen Beobachtungen zu einzelnen Aspekten gemacht hat, spiegelt die Gesprächsleitung zu wenigen Aspekten behutsam Situationen oder präsentiert gegebenenfalls eigene Beobachtungsergebnisse, um die Lehrkraft zur Reflexion anzuregen.

## Frage nach den Faktoren des Gelingens | 2.4.3

Wenn Sie an Ihren Unterricht denken:

- Was ist Ihnen in der Stunde gut und sehr gut gelungen?
- Was noch? … Was noch? … Was noch?
- Woran können Sie erkennen, dass das vorher Genannte eine Kompetenz und Stärke von Ihnen ist?
- Woran erkennen Sie dies noch? … Woran noch? … Woran noch?
- Woran können andere erkennen, dass das vorher Genannte eine Kompetenz und Stärke von Ihnen ist?
- Woran noch? … Woran noch? … Woran noch?

Sie haben mir jetzt erzählt, was Ihnen gut gelungen ist.

- Wie haben Sie das genau gemacht, dass Ihnen das in Ihrem Unterricht gelungen ist?
- Wenn Sie Ihre Schüler fragen würden, woran können diese erkennen, dass Sie das vorher Genannte gut und sehr gut gemacht haben?
- Was würden die Schüler sagen, wie Sie das machen?
- Wenn Sie die Eltern Ihrer Schüler fragen würden, woran können diese erkennen, dass Sie das vorher Genannte gut und sehr gut gemacht haben? Was würden die Eltern sagen, wie Sie das machen?
- Welche lernunterstützenden Anteile hatte Ihre Klassenführung im Unterricht?
- Wie weit reichen die lernunterstützenden Wirkungen Ihrer Klassenführung? Wie sehen Sie die kurzfristigen Auswirkungen? Wie sehen Sie die mittel- und langfristigen Auswirkungen?
- Sie haben mir erzählt, dass Ihnen das gut kurz-/mittel-/langfristig gelingt. Wie machen Sie das genau, dass Ihnen das gelingt? Wie noch? … Wie noch? Können Sie das näher beschreiben?

Die Gesprächsleitung bestätigt und ergänzt die Wahrnehmungen, Deutungen und Erkenntnisse der Lehrkraft, die sie auch wahrgenommen hat.

**Zusatzmöglichkeit:** Gesprächsleitung und Lehrkraft versuchen gefundene Erfolgsfaktoren auf der Metaebene pädagogisch, psychologisch und/oder fachdidaktisch zu fundieren und zu festigen.

## 2.4.4 | Ergänzende Möglichkeit: Analyse der Entwicklungshistorie von Stärken

Entwicklungshistorisches Fragen fördert das Bewusstsein der Lehrkraft in Bezug auf Zurückliegendes (Warum/Woher bin ich der, der ich bin?) und nach vorn gerichtete Aufmerksamkeitsrichtungen (Wo will ich hin?) (vgl. 2.4.5). Die Gesprächsleitung erweitert die Perspektiven der Lehrkraft mit eigenen Perspektiven und »Fantasien« und vermittelt ansatzweise zwischen »objektivem« Wissen und »subjektiven« Auslegungen und erweitert damit den Interpretationsspielraum von Lehr-Lernsituationen.

### Zurückliegendes

- Wie sind Sie in … so gut geworden?
- Wie haben Sie das genau gemacht, dass Sie das jetzt so gut können und dass Ihnen das jetzt so gut gelingt?
- Gibt es ein besonderes Erlebnis, eine besondere Erfahrung, das/die Sie hatten und das/die Sie bestärkt hat/haben?
- Wer bestärkt Sie in Ihrem Handeln?
- Zusatzmöglichkeit: Die Kombination mit der Fragestellung von 2.4.5 »Suche nach aktuellen Momenten künftiger Stärken« hat sich besonders bewährt.

## 2.4.5 | Suche nach aktuellen Momenten künftiger Stärken

- Worin möchten Sie noch besser werden?
- Stellen Sie sich bitte eine Skala von 1 bis 10 vor. 1 ist »Ich habe gar kein Handlungswissen über die Möglichkeit, eine Situation, die ich mir ausgewählt habe, zu ändern« und 10 ist »Ich habe sehr hohes Handlungswissen darüber, die von mir gewählte Situation zu ändern«.
- Wo ordnen Sie sich momentan auf dieser Skala von 1 bis 10 ein?
- Wo möchten Sie wann sein?
- Woran können Sie erkennen, dass Sie in Bezug auf das, was Sie sich vorgenommen haben, einen Schritt weitergekommen sind?
- Woran können andere erkennen, dass Sie in Bezug auf das, was Sie sich vorgenommen haben, einen Schritt weitergekommen sind?
- Welche Schritte nehmen Sie sich als Erstes vor?
- Wer und/oder was hilft Ihnen dabei?

Entwicklungsziele und Zielvereinbarungen geben jeder Lehrkraft Orientierung für die Weiterarbeit und unterstützen die Handlungsfähigkeit. Gleichzeitig erleichtern die Zielvereinbarungen das Gespräch bei wiederholtem Unterrichtsbesuch mit Nachbesprechung, wenn die gesteckten Ziele auf den Grad der Erreichung und der dafür eingesetzten Entscheidungen hin reflektiert werden.
Die Gesprächsleitung nimmt mit der Lehrkraft diejenigen Aspekte auf, die ihr für einen zentralen Aspekt der Weiterarbeit wichtig sind. Die Lehrkraft formuliert während der Nachbesprechung oder in zeitlichem Abstand Zielvorstellungen für die eigene Entwicklung zum weiteren Ausbau der vorhandenen Stärken und/oder zur Optimierung weiterer Entwicklungsfelder.

- Wenn Sie Ihre Unterrichtsstunde in Bezug auf das Gelingen auf einer Skala von 1 bis 10 einordnen müssten, wo würden Sie diese ansiedeln und warum? Welche Stärken haben zum Erreichen dieser Stufe auf der Skala geführt?
- Was könnten Sie verändern, damit Sie Ihre Stunde eine Stufe höher auf der Skala ansiedeln könnten?
- Woran möchten Sie genau weiterarbeiten? Wie fühlen Sie sich dabei?
- Weswegen möchten Sie daran weiterarbeiten?
- Welche Schritte nehmen Sie sich als Nächstes vor?
- Wann wollen Sie diese Schritte ausprobieren?
- Woran werden Sie erkennen, dass Sie Ihrer Zielerreichung ein oder mehrere Schritte nähergekommen sind?
- Woran werden andere erkennen, dass Sie Ihrer Zielerreichung ein oder mehrere Schritte nähergekommen sind?

In der folgenden Abbildung werden die Stufen der Einbeziehung der Gesprächsleitung zur Vereinbarung von Zielen grafisch veranschaulicht.

**Stufen der Einbeziehung der Gesprächsleitung zur Vereinbarung von Zielen**

| **Entschieden ist:** | **... d. h. wir sprechen gemeinsam darüber:** |
|---|---|
| alles | um uns gegenseitig zu informieren |
| wer, was, wie, wann (etwas) (ge-)macht (wird) | welche Konsequenzen damit verbunden sind |
| was gemacht werden soll | wie, wann, von wem es gemacht werden soll |
| dass etwas gemacht werden soll | was, wie, wann, von wem gemacht werden soll |
| nichts | ob etwas zu tun ist |

## 2.4.7 Abschluss

Die Gesprächsleitung würdigt abschließend noch einmal die wahrgenommenen Stärken der Lehrkraft. Konnten aus welchen Gründen auch immer wichtige Punkte nicht mehr besprochen werden oder führten zu keiner zufriedenstellenden Lösung, wird möglichst zeitnah ein Folgetermin vereinbart. Ein gegenseitiges Feedback zum Reflexionsprozess schließt die Arbeit ab.

## 2.4.8 Perspektiven der Weiterarbeit

- Welches Thema war für Sie im Rückblick auf das Gespräch am wichtigsten?
- Welche drei Dinge wollen Sie sich für die Weiterarbeit vornehmen?
- In welcher Form wünschen Sie sich die nächste Nachbesprechung?

Eine schriftliche Dokumentation gibt allen Beteiligten Sicherheit und Orientierung. Sie schafft Verbindlichkeit und ist eine Basis für das nächste kompetenzorientierte Unterrichtsnachgespräch. Jeder der Gesprächsbeteiligten erhält einen Abdruck der Aufzeichnungen über das Mitarbeitergespräch.

## 2.4.9 Resümee

- Zu Beginn haben Sie benannt, wie das Gespräch verlaufen muss, damit Sie im Nachhinein sagen, es hat sich gelohnt?
- Wenn Sie die Nachbesprechung Ihrer Unterrichtsstunde in Bezug auf das Erfüllen der Wunschvorstellung auf einer Skala von 1 bis 10 einordnen müssten, wo würden Sie diese ansiedeln und warum? Was wünschen Sie sich für die nächste Nachbesprechung?

# Unterricht strukturiert nachbesprechen mit Impulskarten, Moderationskarten und Besprechungslandschaften – Ablaufmodelle

3

**Das Märchen vom Elefanten**

Man hatte einen Elefanten zur Ausstellung bei Nacht in einen dunklen Raum gebracht. Die Menschen strömten in Scharen herbei: Da es dunkel war, konnten die Besucher den Elefanten nicht sehen, und so versuchten sie, seine Gestalt durch Betasten zu erfassen. Da der Elefant groß war, konnte jeder Besucher nur einen Teil des Tieres greifen und es nach seinem Tastbefund beschreiben. Einer der Besucher, der ein Bein des Elefanten ergriffen hatte, erklärte, dass der Elefant wie eine starke Säule sei; ein zweiter, der die Stoßzähne berührte, beschrieb den Elefanten als spitzen Gegenstand; ein dritter, der das Ohr des Tieres ergriff, meinte, er sei einem Fächer nicht unähnlich; der vierte, der über den Rücken des Elefanten strich, behauptete, dass der Elefant so gerade und flach sei wie eine Liege.

(Orientalische Geschichte nach Mowlana, zitiert nach Peseschkian, 1977)

Bei einer Unterrichtshospitation werden ähnlich wie beim Märchen vom Elefanten von verschiedenen Menschen unterschiedliche Aspekte wahrgenommen. Die Herausforderung ist es, über die strukturierenden Impulskarten (KV 4a–d), die Moderationskarten (KV 5a–d) und/oder die Besprechungslandschaften (KV 6a–d) das Nachgespräch aktivierend zu gestalten. Es geht darum, das komplexe Lehr-Lerngeschehen des gesehenen Unterrichts im Nachgespräch aus verschiedenen Blickrichtungen zu reflektieren, dabei die gezeigten Leistungen und Kompetenzen der jeweiligen Lehrkraft im Gespräch mit der Gesprächsleitung besonders hervorzuheben und weitere Entwicklungsfelder des Lehr-Lernverhaltens zu erschließen.

Zusätzlich geht es darum, aus unterschiedlichen Wahrnehmungen den »Elefanten des Lehr-Lerngeschehens« aus unterschiedlichen Perspektiven als ein Ganzes erscheinen zu lassen und vor allem in seinen erscheinenden Kompetenzen und Stärken zu würdigen.

## 3.1 Erfahrungswerte im Umgang mit kompetenzorientierter Unterrichtsnachbesprechung über Impulskarten

- Die strukturierte Form von kompetenzorientierter Unterrichtsnachbesprechung gibt allen Beteiligten Handlungssicherheit und unterstützt die Weiterentwicklung einer Beratungskultur. Die Beteiligten an der Nachbesprechung werden stärker zu gleichrangigen Teilnehmern.
- Durch das Legen der Impulskarten und das Notieren der Äußerungen der Lehrkraft und der Gesprächsleitung entsteht ein sachorientiertes »Tischbild«.
- Die Unterrichtsanalyse wird kriteriengeleiteter und strukturierter in Abhängigkeit von der Anzahl der verwendeten Impulskarten.
- Das Festhalten der Äußerungen in Stichworten stellt sicher, dass alle Beiträge wertgeschätzt werden und nichts »verloren geht«. Dieses Festhalten ist wichtig. Das Notieren auf Kärtchen in Stichworten ermöglicht es später, vom Konkreten auf eine Metaebene abzuheben.
- Gleichzeitig bietet sich die Chance, durch Verschieben, Sortieren, Hierarchisieren der Kärtchen und Beiträge Strukturen, Wechselwirkungen und Zusammenhänge herzustellen und/oder durch Setzen von Spielsteinen ein Filtrat erster Handlungsschritte zu visualisieren. Einzelaspekte und Kompetenzen des wahrgenommenen Unterrichts werden noch stärker in ihrem Kontext erlebbar.
- Die Impulskarten laden ein, die Karten zu verschieben und neugierig zu werden, ob dadurch neue Konstellationen zur Unterrichtsanalyse entstehen. Es entstehen häufig vorher nicht gesehene Zusammenhänge.
- Einzelne Impulskarten können von der Gesprächsleitung und/oder der Lehrkraft als Zusatzimpuls eingesetzt werden. Dadurch erhalten beide die entscheidende Möglichkeit, sich noch stärker aktiv in den Prozess der Nachbesprechung einzubringen.
- Das Gesamtbild des »Tischbildes« mit den Impulskarten und möglichen Zusatzsymbolen reduziert die Komplexität des Lehr-Lernprozesses und erhöht die Chance der Bearbeitbarkeit, aber auch das Risiko der Vereinfachung.
- Es entsteht ein dialogisches Angebot zur Reflexion und dem konkreten Wertschätzen von Stärken der Lehrkraft. Das »Tischbild« lädt auf einfache, anschauliche Weise ein, konkrete Arbeitsschwerpunkte zur Weiterentwicklung der Lehrkraft im Rahmen der Schul- und Unterrichtsentwicklung zu finden.
- Die Arbeit mit dem Kartensystem bedeutet einen geringen Materialbedarf und ist nahezu universell für jede Nachbesprechung einsetzbar.

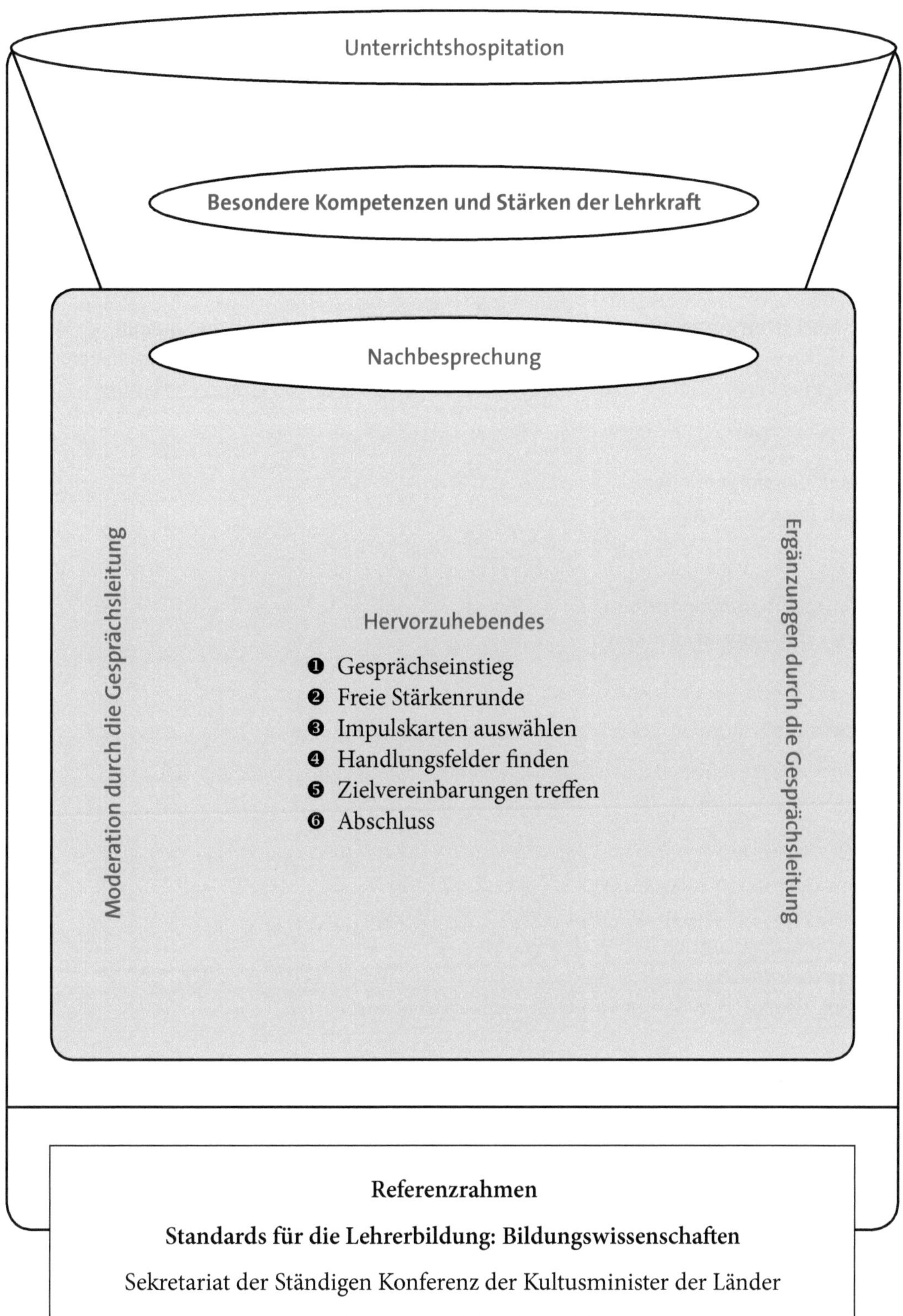


**Referenzrahmen**

**Standards für die Lehrerbildung: Bildungswissenschaften**

Sekretariat der Ständigen Konferenz der Kultusminister der Länder

in der Bundesrepublik Deutschland
(Beschluss der Kultusministerkonferenz vom 16.12.2004)

(siehe Seite 15 f.)

## 3.3 Bewährtes Ablaufmodell – der Klassiker

**❶ Gesprächseinstieg – Rahmen schaffen – »Smalltalk«**
»Wie muss das Gespräch heute verlaufen, dass die Nachbesprechung für Sie gewinnbringend ist?«

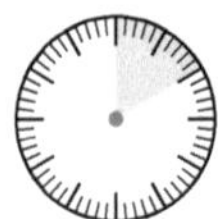

**❷ Freie Stärkenrunde – Gelungenes und Bemerkenswertes**
Stichwortartiges Mitnotieren der benannten Punkte durch die Gesprächsleitung auf weißen Blankokarten. Das erste Wort hat die unterrichtende Lehrkraft, die Gesprächsleitung kann sich anschließen.

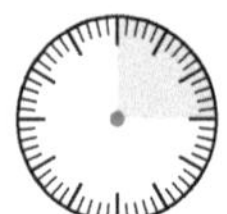

**❸ Impulskarten auswählen – ins Gespräch kommen – ggf. Fragenspeicher nutzen**
Ansichten beschreiben, deuten und gegebenenfalls strukturieren und hierarchisieren, Alternativen entwickeln, Ergänzung weiterer Aspekte durch die Gesprächsleitung

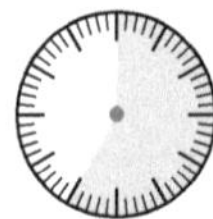

**❹ Handlungsfelder finden**
(ggf. Fragenspeicher nutzen)

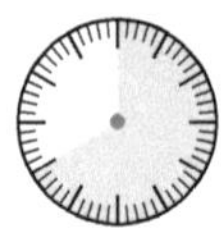

**❺ Zielvereinbarungen treffen**
(ggf. Fragenspeicher nutzen)

**❻ Abschluss**

Das wird benötigt:

- Impulskarten in Auswahl (vgl. KV 4a–d) und/oder
- Moderationskarten in Auswahl (vgl. KV 5a–d) oder
- Besprechungslandschaft (vgl. KV 6a–d)
- Blanko-Impulskarten (KV 4d) oder Blanko-Karteikarten DIN A6 oder DIN A7
- Muggelsteine zum Setzen von Gesprächsschwerpunkten

**Tipp:** Will man die Gesprächsbeiträge auf den Blankokärtchen unterscheiden, kann man unterschiedliche Farben für Beiträge der Lehrkraft und für die der Gesprächsleitung verwenden.

## 3.4 Erläuterung des Ablaufschemas

**❶ Gesprächseinstieg – Rahmen schaffen – »Smalltalk«**

- Smalltalk (siehe 2.4.1, Seite 33)
- »Wie muss das Gespräch heute verlaufen, dass die Nachbesprechung für Sie gewinnbringend ist?«
- Fragenspeicher: Einleitende Worte (siehe 2.4.1, Seite 33)

**Hinweise zum Gelingen:** den geplanten zeitlichen Umfang der Besprechung benennen, Einverständnis dafür einholen; für die Unterrichtshospitation bedanken; Dinge, die die Gesprächssituation stören, vorab nennen und sich bemühen, sie zu beseitigen; zum Nachbesprechen des Unterrichts überleiten: »Wie muss das Gespräch heute verlaufen, dass die Nachbesprechung für Sie gewinnbringend ist?« …

### ❷ Freie Stärkenrunde – Gelungenes und Bemerkenswertes

- Stichwortartiges Mitnotieren der benannten Punkte durch die Gesprächsleitung auf weißen Blankokarten (vgl. KV 4d). Das erste Wort hat die unterrichtende Lehrkraft, die Gesprächsleitung kann sich anschließen.
- Ggf. ergänzend: Fragenspeicher: Unterricht differenzierter betrachten (siehe 2.4.2, Seite 34)

**Hinweise zum Gelingen:** Die Äußerungen der Lehrkraft bleiben in dieser »Eindruckssammlung« zunächst einmal unkommentiert und gleichzeitig nonverbal wertschätzend stehen und werden in Stichworten als Gedächtnisstütze und zur Übersicht von der Gesprächsleitung mitnotiert.

- Aufgabe der Gesprächsleitung: Verständnisfragen stellen, Reflektieren, Paraphrasieren, auf die Körpersprache achten, …

**Alternative:**

- Sowohl die Lehrkraft als auch die Gesprächsleitung erhalten einen Stapel Blankokärtchen und notieren jeder für sich Aspekte besonderer Kompetenzen und Stärken des Unterrichtsgeschehens.
- Im Anschluss stellen sich Lehrkraft und Gesprächsleitung die Kärtchen gegenseitig vor. Die Karten bleiben auf dem Tisch liegen (siehe 3.5: Unterricht kompetenzorientiert nachbesprechen durch Moderation).

### ❸ Impulskarten auswählen – ins Gespräch kommen

- aus den Impulskarten (KV 4 a–d) eine Auswahl treffen
- Ansichten beschreiben, deuten und gegebenenfalls strukturieren und hierarchisieren, Alternativen entwickeln
- Fragenspeicher: Unterricht differenzierter betrachten (siehe 2.4.2, Seite 34)
- Frage nach Faktoren des Gelingens (siehe 2.4.3, Seite 35)
- Analyse der Entwicklungshistorie von Stärken (siehe 2.4.4, Seite 36)

**Hinweise zum Gelingen:**

- **Möglichkeit 1:** Lehrkraft und Gesprächsleitung wählen aus den auf dem Tisch verteilten Gesprächsimpulsen (vgl. KV 4a–d) die aus, über die sie sprechen möchten.
- **Möglichkeit 2:** Nur die Lehrkraft wählt aus den auf dem Tisch verteilten Gesprächsimpulsen (vgl. KV 4a–d) die aus, über die sie sprechen möchte.

Auf diese Art und Weise werden zeitlich ökonomisch die als besonders gelungen benannten Kompetenzen und Aspekte des Unterrichts wertschätzend visualisiert. Die Lehrkraft versucht, gegebenenfalls mit Unterstützung der Gesprächsleitung, Querverbindungen zu finden, indem sie Anordnungen umstrukturiert und Karten »neu« zueinander legt.

Die Gesprächsimpulse des Fragenspeichers sind eine bewährte Möglichkeit, mit der Lehrkraft im Gespräch die einzelnen Felder des Unterrichts aus der Sicht einer kompetenzorientierten Unterrichtsnachbesprechung näher zu beleuchten.

Prinzipiell möglich: Ergänzung weiterer Aspekte zur Analyse des Unterrichts durch die Gesprächsleitung und die Lehrkraft

### ❹ Handlungsfelder finden

- Fragenspeicher: Frage nach Faktoren des Gelingens (siehe 2.4.3, Seite 35)
- Analyse der Entwicklungshistorie von Stärken (siehe 2.4.4, Seite 36)
- Suche nach aktuellen Momenten künftiger Stärken (siehe 2.4.5, Seite 36)

**Hinweise zum Gelingen:** Im nächsten Schritt erschließt die Lehrkraft, gegebenenfalls mit Unterstützung der Gesprächsleitung, (kompetenz- und stärkenorientierte) Schwerpunkte als zukünftige Handlungsfelder, zum Beispiel durch Setzen der Karte(n): »Darüber möchte ich sprechen« (vgl. KV 5d). Wenn die Lehrkraft möchte, kann sie ihre Auswahl der Schwerpunktsetzung begründen.

In einem zweiten Schritt kann die Gesprächsleitung weitere Schwerpunkte, die sie vertiefen möchte (»Darüber möchte ich sprechen«; vgl. KV 5d), setzen.

Die Lehrkraft entscheidet, ob die gewählten Handlungsfelder ausreichend besprochen sind oder noch mehr Zeit zur Vertiefung notwendig ist.

Die Gesprächsleitung und/oder die Lehrkraft fassen mithilfe des »Tischbildes« den Inhalt des Gespräches zusammen.

### ❺ Zielvereinbarungen treffen

- Fragenspeicher: Zielvereinbarungen treffen – entwicklungsorientiert fragen (siehe 2.4.6, Seite 37)

**Hinweise zum Gelingen:**

- vergewissern, dass das zuvor Besprochene verstanden worden ist und Unterstützungsmöglichkeiten (gemeinsam) finden und auf Tauglichkeit hin überprüfen
- auf die Möglichkeit, Ziele selbstständig zu formulieren, hinweisen (vgl. KV 3)
- ggf. Reflexion und Zielverfolgungsgeschichte vorangegangener Zielvereinbarungen auf der Grundlage vorhergehender konkreter Abmachungen evaluieren

### ❻ Abschluss

- Rückgriff auf den geäußerten Wunsch zu Beginn der Nachbesprechung (siehe ▸ Gesprächseinstieg)
- Reflexion des Nachbesprechungsprozesses
- Ausblick
- Fragenspeicher: Abschluss (siehe 2.4.7, Seite 38)
- Perspektiven der Weiterarbeit (siehe 2.4.8, Seite 38)
- Resümee (siehe 2.4.9, Seite 38)

**Hinweise zum Gelingen:** Verlauf der Nachbesprechung paraphrasieren:

- »Zu Beginn haben wir, dann …, dann …«
- »Sie haben zu Beginn einen Wunsch geäußert, wie die Nachbesprechung verlaufen soll, damit sie für Sie gewinnbringend sein wird. Inwieweit hat sich dieser Wunsch erfüllt, was wünschen Sie sich noch?«

Eine für die Gesprächsleitung und die Lehrkraft sehr angenehme Art, mit der Lehrkraft ins Gespräch zu kommen, ist die kompetenzorientierte Unterrichtsnachbesprechung durch Moderation. Besonders bewährt hat sich diese Form der kompetenzorientierten Unterrichtsnachbesprechung, wenn man das erste Mal mit einer Lehrkraft nachbespricht.

> **Tipp:** Die Phase des Legens der Symbole und das folgende Versprachlichen lassen viel Zeit für die Gesprächsleitung und die Lehrkraft, sich gegenseitig zu »beschnuppern«.

Ebenfalls geeignet ist diese Form der Nachbesprechung von Unterricht, wenn eine dritte oder vierte Person (z. B. die Betreuungslehrkraft, zwei Schulleiter, Schulaufsicht, …) am Tisch sitzen. Die »Symbollandschaft« schafft genügend Gesprächsstoff, um miteinander ins Gespräch zu kommen.

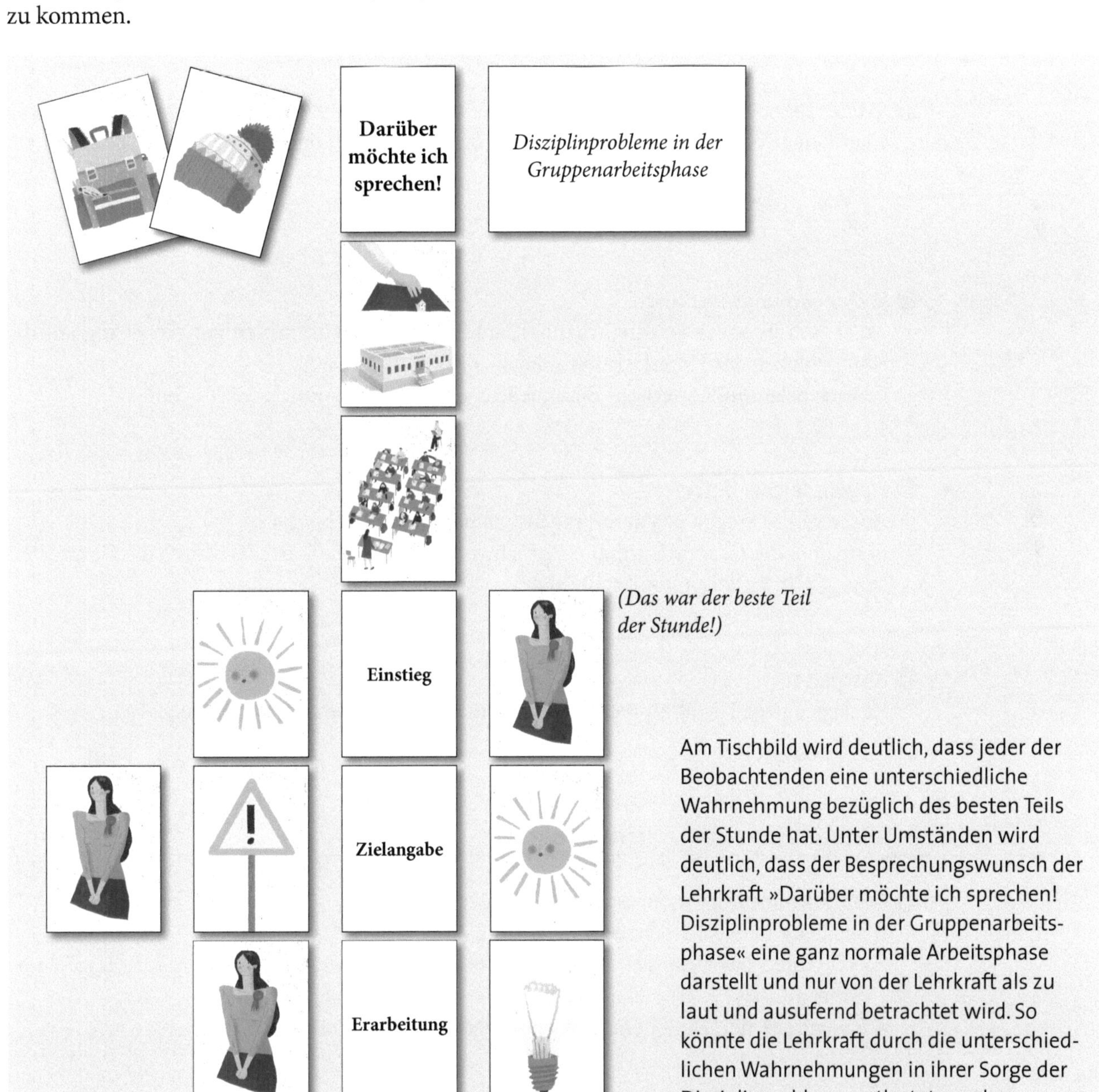


Am Tischbild wird deutlich, dass jeder der Beobachtenden eine unterschiedliche Wahrnehmung bezüglich des besten Teils der Stunde hat. Unter Umständen wird deutlich, dass der Besprechungswunsch der Lehrkraft »Darüber möchte ich sprechen! Disziplinprobleme in der Gruppenarbeitsphase« eine ganz normale Arbeitsphase darstellt und nur von der Lehrkraft als zu laut und ausufernd betrachtet wird. So könnte die Lehrkraft durch die unterschiedlichen Wahrnehmungen in ihrer Sorge der Disziplinprobleme entlastet werden.

## 3.6 Ablaufmodell Moderation

**❶ Gesprächseinstieg – Rahmen schaffen – »Smalltalk«**
»Wie muss das Gespräch heute verlaufen, dass die Nachbesprechung für Sie gewinnbringend ist?«

**❷ Auswahlmöglichkeit der Lehrkraft**
Auswahl der Nachbesprechungstiefe durch die Lehrkraft

**❸ »Flug über die Stunde«**
Schriftliches Festhalten der einzelnen Unterrichtsschritte

**❹ »Stilles Legen«**
Klären der Symbolbedeutungen – Legen der Symbole zu den Unterrichtsschritten

Darüber möchte ich sprechen!

**❺ Wahrnehmungsaustausch**
Austausch über die gelegten Symbole und deren Sinnzusammenhang in Bezug auf die Kompetenzen der Unterrichtsstunde
Gesprächsleitung notiert auf Blankokärtchen mit ► Integration ins Tischbild

**❻ Fragenspeicher nutzen**
Ausgewählte Fragen aus dem Fragenspeicher (vgl. 2.4.2 bis 2.4.6)
Festhalten der Gesprächsinhalte in Stichworten auf Blankokärtchen durch die Gesprächsleitung ► Integration ins Tischbild

**❼ Abschluss**
Rückbezug zur Nachbesprechungstiefe und zum Nachbesprechungsprozess

## 3.7 Erläuterung des Ablaufschemas

**❶ Gesprächseinstieg – Rahmen schaffen – »Smalltalk«**

- Smalltalk (siehe 2.4.1, Seite 33)
- »Wie muss das Gespräch heute verlaufen, dass die Nachbesprechung für Sie gewinnbringend ist?«
- Fragenspeicher: Einleitende Worte (siehe 2.4.1, Seite 33)

**❷ Auswahlmöglichkeit der Lehrkraft**
Die Lehrkraft erhält von der Gesprächsleitung die Auswahl, in welcher Tiefe sie den Unterricht stärkenorientiert nachbesprechen möchte.

(G): Sie können sich aussuchen, in welcher Tiefe Sie den Unterricht stärkenorientiert nachbesprechen möchten. Möchten Sie:

eine warme Nachbesprechungsmütze,
d. h. wir werden nur und ausschließlich das sehr auffallend besonders Gelungene Ihres Unterrichts hervorheben
*oder möchten Sie:*

einen Nachbesprechungsrucksack,
d. h. wir nehmen das sehr auffallend Besondere Ihres Unterrichts in den Blick und geben etwas mit in den Rucksack, an dem man leicht zu tragen hat, an dem Sie zusätzlich zu Ihren Stärken weiterarbeiten möchten, um Ihre Arbeit im Unterricht zu optimieren,
*oder möchten Sie:*

einen Gesamtblick auf Schule und Unterricht,
d. h. wir verschaffen uns gemeinsam einen genauen Überblick über besondere Stärken Ihres Unterrichts und über die Optimierungsfelder.

**Erfahrungswert:** Durch die Möglichkeit für die Lehrkraft, die Nachbesprechungsintensität wählen zu können, öffnet sie sich in der Regel leichter auch für Optimierungsfelder, wenn sie sich für einen »Nachbesprechungs-Rucksack« oder den »Gesamtblick auf Schule und Unterricht« entschieden hat. Sehr selten entscheiden sich Lehrkräfte für die »Warme Mütze«. Das ist dann aber ein wichtiger Hinweis für die Gesprächsleitung, besonders sensibel und besonders stärkenorientiert den Unterricht nachzubesprechen.

**❸ »Flug über die Stunde«**
(G): Sie haben sich für die Nachbesprechungstiefe mit der Wahl des Symbols (KV 5a: Warme Mütze oder KV 5a: Rucksack oder KV 5a: Gesamtblick auf Schule und Unterricht) entschieden. Im Folgenden lade ich Sie ein, gemeinsam über Ihre Stunde zu »fliegen«, um einen Eindruck von oben zu erhalten.

Dazu legen wir die einzelnen Schritte der Unterrichtsstunde untereinander (KV 5a–b; ggf. mit Blankokärtchen (KV 4d) ergänzen). Gesprächsleitung und/oder Lehrkraft benennen die einzelnen Unterrichtsschritte, notieren jeden Schritt auf ein Kärtchen (z. B. KV 4d) und legen sie auf dem Tisch untereinander ab.

**Material:** KV 5a–d

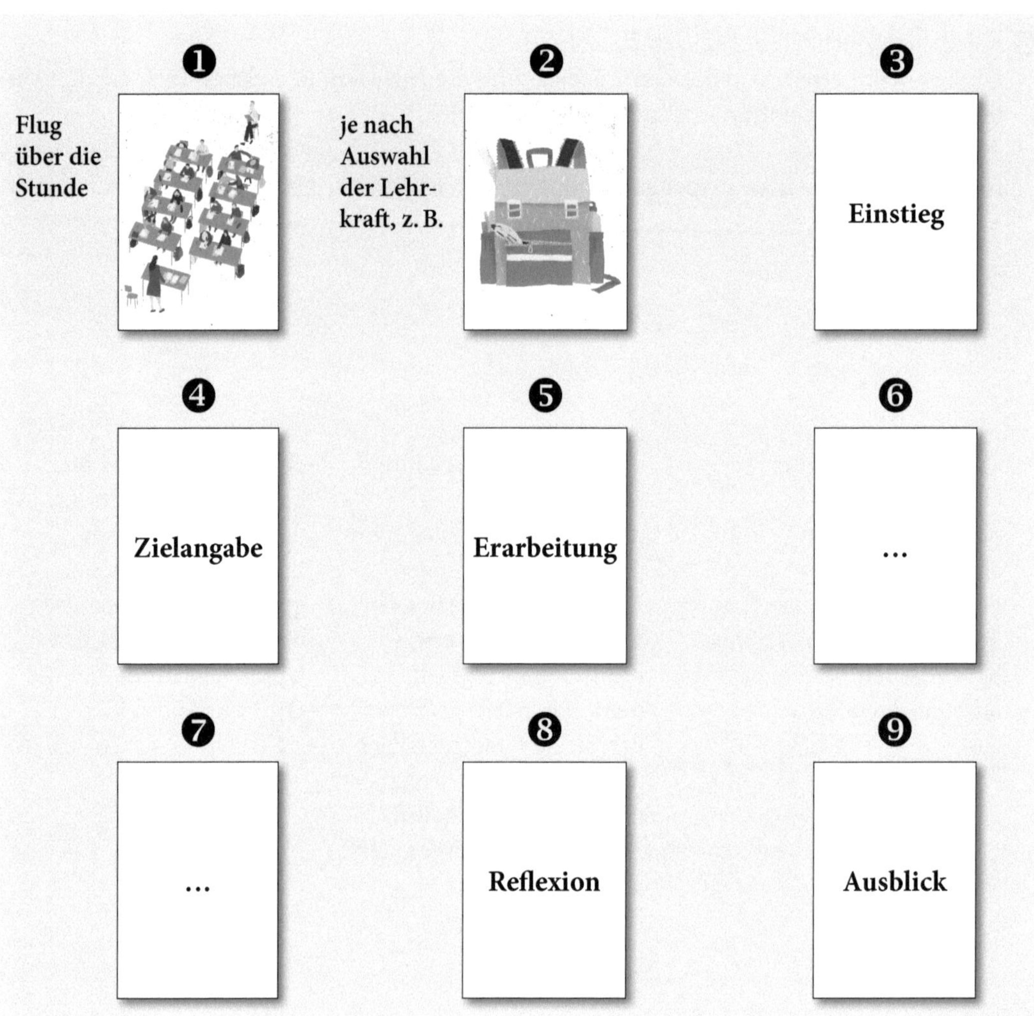


**Erfahrungswert:** Nicht allen Lehrkräften gelingt es auf Anhieb, die einzelnen Unterrichtsschritte zu verbalisieren und den Unterricht zu gliedern. Dann kann die Gesprächsleitung unterstützend lenken.

**❹ »Stilles Legen«**
(G): Wir erhalten nun beide ein Kärtchenset (siehe KV 5a–d für jeden Beteiligten). Darauf sind verschiedene Symbole mit den folgenden Bedeutungen:

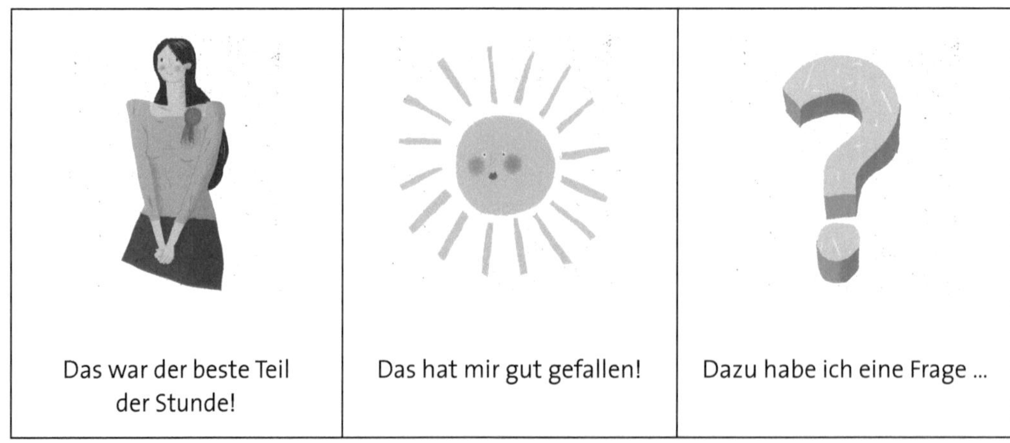

(G): Jeder von uns legt stumm, ohne zu sprechen, auf je eine Seite die Symbole zu den Unterrichtsschritten, wo sie seiner Meinung nach passen. Dabei können Sie schon mal neugierig werden, welche Wahrnehmungen und Deutungen jeder von uns haben wird, wenn wir uns danach austauschen.

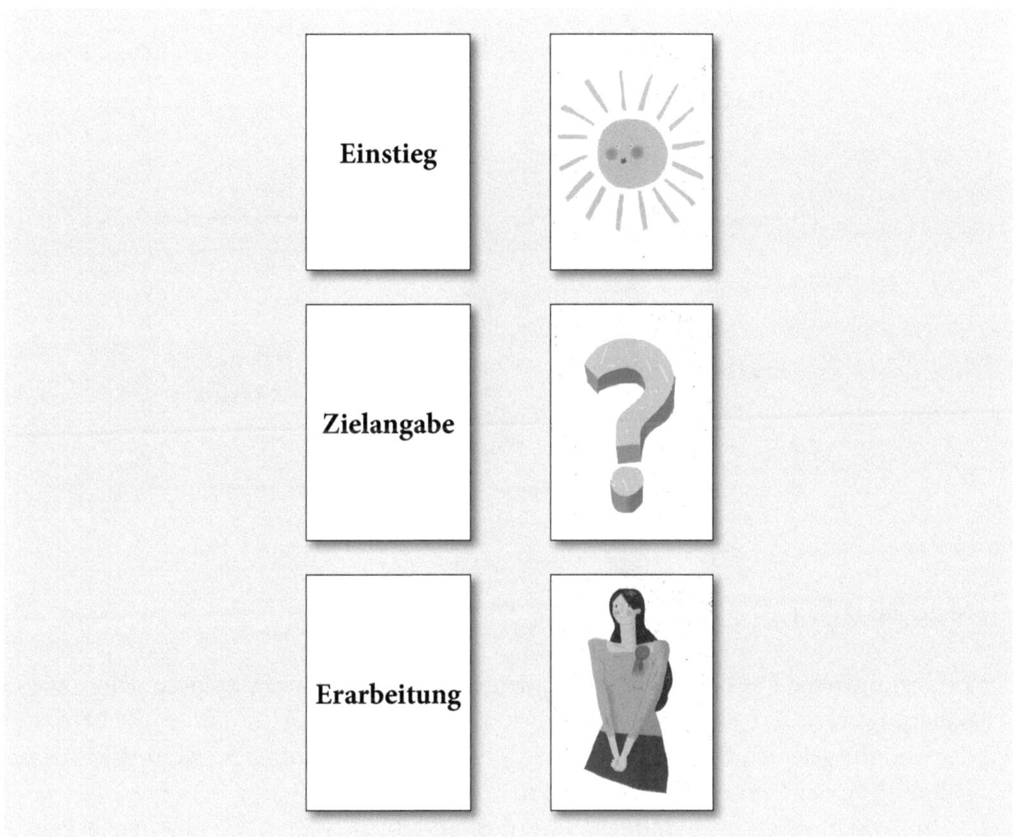


**Material:** KV 5a–d für jeden Beteiligten

**Erfahrungswert:** Es hat sich bewährt, dass jeder das Symbol »Das war der beste Teil der Stunde!« legen muss. Dies fällt manchen Lehrkräften schwer, deshalb für diese Phase ruhig ein paar Minuten länger einplanen.

Besonders wichtig ist, dass das Legen stumm geschieht. Die Gesprächsleitung sollte dabei warten, bis drei oder mehr Kärtchen von der Lehrkraft liegen, bevor sie selbst zu legen beginnt.

### ❺ Wahrnehmungsaustausch

Zuerst beginnt die Lehrkraft zu den von ihr gelegten Symbolkarten zu sprechen.

Die Gesprächsleitung notiert in Stichworten auf Blankokärtchen die Äußerungen der Lehrkraft mit (KV 4d) und legt diese beschrifteten Kärtchen auf der Seite der Symbolkarten der Lehrkraft ab.

Im nächsten Schritt äußert sich die Gesprächsleitung zu den von ihr gelegten Symbolkarten und notiert die Äußerungen ebenfalls in Stichworten mit und integriert sie ins Tischbild.

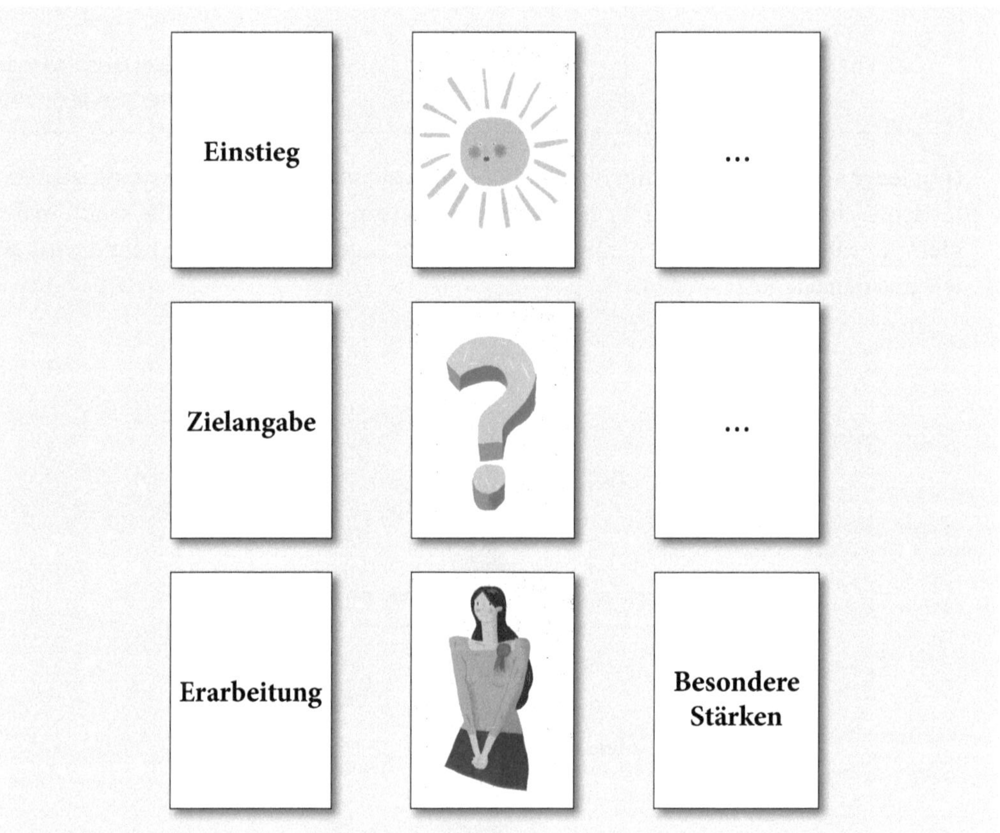


**Material:** KV 5a–d

**Erfahrungswert:** Die Gesprächsleitung achtet darauf, dass der Hauptgesprächsanteil (Annäherungswert: 70 Prozent) bei der Lehrkraft liegt. Zuerst spricht immer die Lehrkraft zu den von ihr gelegten Symbolkarten, dann die Gesprächsleitung. So werden keine Wahrnehmungen der Lehrkraft vorkanalisiert.

Im Anschluss an die Symbolerläuterungen ergibt sich ein noch differenzierteres Bild der Wahrnehmungen zum gesehenen Unterricht, das sich je nach Gesprächskompetenz der Gesprächsleitung und der Lehrkraft lohnt, im gemeinsamen Gespräch zu reflektieren.

### ❻ Fragenspeicher nutzen

Das sich ergebende Tischbild lädt ein, nun ausgewählte Fragen aus dem Fragenspeicher (vgl. 2.4.2 bis 2.4.6) mit der Lehrkraft zusammen zu besprechen. Wesentliche Punkte hält dabei die Gesprächsleitung auf den Blankokärtchen (KV 4d) in Stichworten fest und integriert diese mit ins Tischbild.

Fragenspeicher:
- 2.4.2 Unterricht differenzierter betrachten
- 2.4.3 Frage nach den Faktoren des Gelingens
- 2.4.4 Analyse der Entwicklungshistorie von Stärken
- 2.4.5 Suche nach aktuellen Momenten künftiger Stärken
- 2.4.6 Zielvereinbarungen treffen – entwicklungsorientiert fragen (Material: KV 4a–5d)

**Erfahrungswert:** Aus der Erläuterung der gelegten Symbole werden sehr oft schon wahrgenommene Kompetenzen und Stärken des Unterrichts sichtbar. Die Fragen des Fragenspeichers können deswegen noch gezielter eingesetzt werden für die kompetenzorientierte Unterrichtsnachbesprechung. Zusätzlich können nun auch ausgewählte Impulskarten zur Reflexion miteingesetzt und ins Tischbild mitabgelegt werden (KV 4a–d). Zur Zielvereinbarung während der kompetenzorientierten Unterrichtsnachbesprechung kann das Kärtchen »Zielangabe« (KV 5d) miteingesetzt werden.

**❼ Abschluss**

- Abschließend erfolgt ein Rückbezug auf den geäußerten Wunsch zu Beginn der Nachbesprechung zur Tiefe und zum Prozess der Nachbesprechung.
- Ausblick

**Fragenspeicher:**
- 2.4.7 Abschluss
- 2.4.8 Perspektiven der Weiterarbeit
- 2.4.9 Resümee

**Erfahrungswert:** Ein Foto des Tischbildes, z. B. mit dem Handy, ist eine einfache Zusammenfassung des Gesprächs und dient als möglicher gedanklicher Anker zur Weiterarbeit.

## Unterricht kompetenzorientiert nachbesprechen mit Besprechungslandschaften 3.8

Eine für die Gesprächsleitung sehr einfache Art, mit der Lehrkraft ins Gespräch zu kommen, ist die kompetenzorientierte Unterrichtsnachbesprechung mit Besprechungslandschaften. Auf diesen sind alle unserer Ansicht nach relevanten Merkmale zur kompetenzorientierten Unterrichtsnachbesprechung aufgelistet und entlasten deshalb die Gesprächsleitung. Daher eignen sich die Besprechungslandschaften besonders für Gesprächsleitungen, die keine Aufmerksamkeitsrichtung für die Nachbesprechung vergessen wollen, immer im Bewusstsein, dass es nicht sinnvoll sein kann, alle Aufmerksamkeitsrichtungen anzusprechen.

**Tipps:**
- Nicht alle Aufmerksamkeitsrichtungen für »guten Unterricht«, die sich auf den Besprechungslandschaften für die Nachbesprechung finden, werden im gesehenen Unterricht in einem besonderen Ausmaß sichtbar sein. Die Gesprächsleitung muss dann entscheiden, ob sie diese als »fehlend« ansprechen möchte oder nicht.
- »Weniger ist manchmal mehr!«: Lieber einige wichtige Punkte herausarbeiten, als nacheinander alle Merkmale der Besprechungslandschaften durchkauen, zumal wie oben beschrieben nicht in jeder Unterrichtsstunde alle Merkmale zum Tragen kommen.

Die einzelnen Besprechungslandschaften sind auf die besonderen Formen der kompetenzorientierten Unterrichtsnachbesprechung abgestimmt und vielseitig einsetzbar:

- **Besprechungslandschaft 1: »Der erste Besuch«**
  Bewährte Aufmerksamkeitsrichtungen für den ersten Unterrichtsbesuch bei einer Lehrkraft oder einem Lehramtsanfänger (siehe 3.10.1, Seite 53)
- **Besprechungslandschaft 2: »Vor der Lehrprobe«**
  Bewährte Aufmerksamkeitsrichtungen für den letzten Unterrichtsbesuch bei einem Lehramtsanfänger vor der Lehrprobe (siehe 3.10.2, Seite 54)
- **Besprechungslandschaft 3: »Besondere Verwendungseignung«**
  Bewährte Aufmerksamkeitsrichtungen für einen Unterrichtsbesuch bei einer Lehrkraft, die sich auf eine ausgeschriebene Stelle, z. B. in der Schul- oder Seminarleitung, Fachberatung, Stufensprecher, bewerben möchte (siehe 3.10.3, Seite 55)
- **Besprechungslandschaft 4: »Für alle Fälle«**
  Bewährte Aufmerksamkeitsrichtungen für einen Unterrichtsbesuch bei jeder Lehrkraft (siehe 3.10.4, Seite 56)

## 3.9 Ablaufmodell Besprechungslandschaften

**❶ Gesprächseinstieg – Rahmen schaffen – »Smalltalk«**

- Smalltalk
- »Wie muss das Gespräch heute verlaufen, dass die Nachbesprechung für Sie gewinnbringend ist?«

**❷ Auswahlmöglichkeit der Lehrkraft**

Auswahl der Nachbesprechungstiefe durch die Lehrkraft

**❸ Schwerpunkte setzen**

Jeder Beteiligte legt eine bestimmte Anzahl von Spielsteinen (nicht mehr als fünf) auf die Felder, über die er sprechen möchte.

**❹ Wahrnehmungsaustausch (vgl. 3.5–3.7)**

- Lehrkraft und Gesprächsleitung tauschen sich über die gesetzten Schwerpunkte aus und gleichen ihre Wahrnehmungen ab
- ggf.: Gesprächsleitung notiert auf Blankokärtchen mit (vgl. Kap. 3.5–3.7)

**❺ Fragenspeicher nutzen (vgl. 3.5–3.7)**

- Ausgewählte Fragen aus dem Fragenspeicher (vgl. 2.4.2 bis 2.4.6)
- schriftliches Festhalten auf Blankokärtchen durch die Gesprächsleitung (vgl. Kap. 3.5)

**❻ Abschluss (vgl. 3.5–3.7)**

- Rückbezug zur Nachbesprechungstiefe und zum Nachbesprechungsprozess
- Besprechungslandschaft
- Besprechungslandschaft kann als Anhang für die Gesprächsnotiz genutzt werden

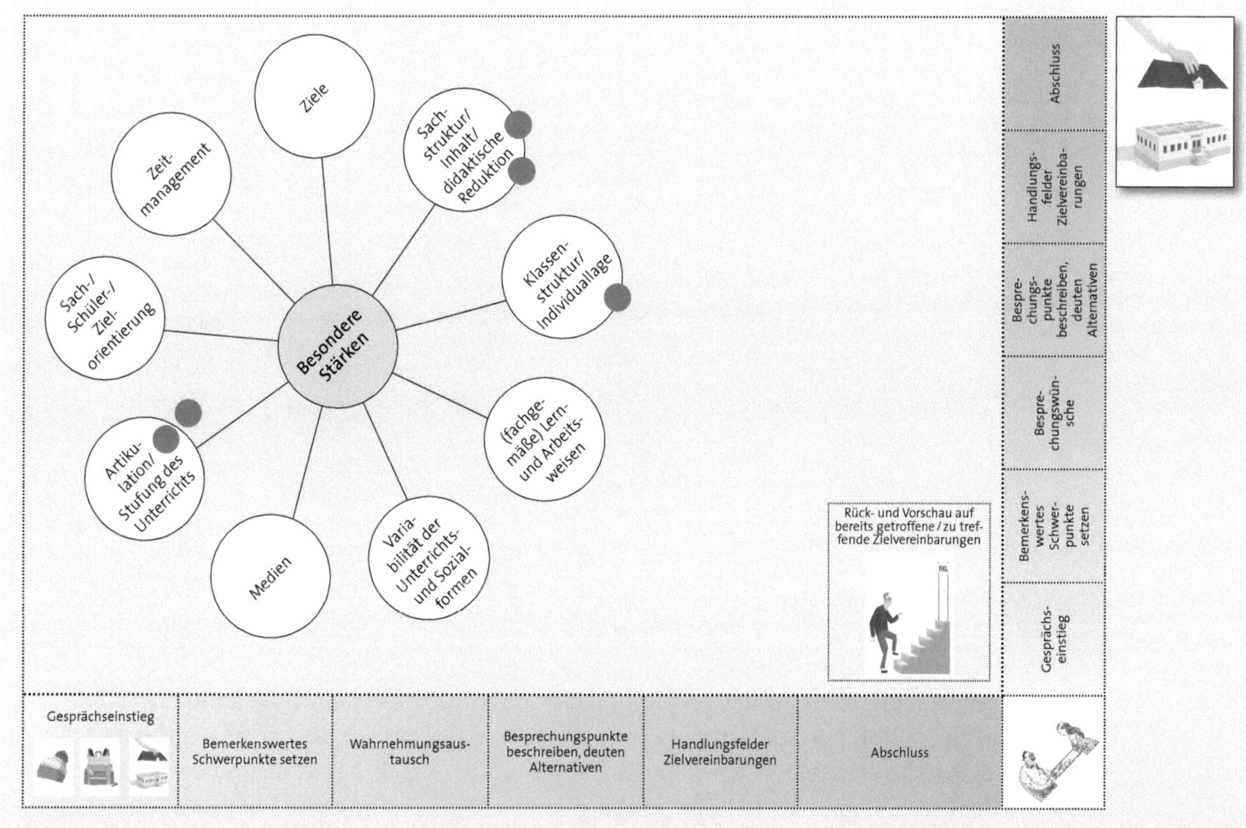


## Diese Aufmerksamkeitsrichtungen haben sich für eine kompetenzorientierte Unterrichtsnachbesprechung bewährt — 3.10

Im Folgenden werden die bewährten Aufmerksamkeitsrichtungen zur kompetenzorientierten Unterrichtsnachbesprechung zusammengestellt:

- Für den ersten Unterrichtsbesuch bei einer Lehrkraft oder einem Lehramtsanfänger (siehe 3.10.1, Seite 53)
- Für den letzten Unterrichtsbesuch bei einem Lehramtsanfänger vor der Lehrprobe (siehe 3.10.2, Seite 54)
- Für einen Unterrichtsbesuch bei einer Lehrkraft, die sich auf eine ausgeschriebene Stelle, z. B. in der Schul- oder Seminarleitung, Fachberatung, Stufensprecher, bewerben möchte (siehe 3.10.3, Seite 55)
- Für einen »ganz normalen« Unterrichtsbesuch: Bewährte Aufmerksamkeitsrichtungen für einen Unterrichtsbesuch bei jeder Lehrkraft (siehe 3.10.4, Seite 56)

### Aufmerksamkeitsrichtungen für den ersten Unterrichtsbesuch bei einer Lehrkraft oder einem Lehramtsanfänger — 3.10.1

Für einen allerersten Besuch als Gesprächsleitung zur Unterrichtshospitation bei einer Lehrkraft oder einem Lehramtsanfänger ist es zunächst einmal wichtig, sich gegenseitig wahrzunehmen und emotional Kontakt aufzunehmen. Im Rahmen kompetenzorientierter Unterrichtsnachbesprechung werden nur die aus unserer Sicht notwendigen Basics »erfolgreichen Unterrichts« in den Fokus genommen.

| | | |
|---|---|---|
| Besondere Stärken | Unterrichtsklima | Klassenführung |
| Zielorientierung | Differenzierung | Unterrichtserfolg |
| Variabilität der Unterrichtsmethoden/ -formen | Lehrerpersönlichkeit | Fachspezifika |

## 3.10.2 Aufmerksamkeitsrichtungen für den letzten Unterrichtsbesuch bei einem Lehramtsanfänger vor der Lehrprobe

Für einen allerletzten Besuch als Gesprächsleitung zur Unterrichtshospitation bei einer Lehrkraft oder einem Lehramtsanfänger *vor der Lehrprobe* werden die aus unserer Sicht notwendigen Basics »erfolgreichen Unterrichts« um einige Aspekte erweitert, die notwendig sind, um die Progression vom Lehramtsanfänger zur »Lehrkraft mit bald weiterem Abschluss« gemeinsam mit der Gesprächsleitung in den Blickwinkel der Unterrichtsnachbesprechung zu nehmen.

| | | |
|---|---|---|
| Besondere Stärken | Lerngegenstand – sachliche Richtigkeit | Klare Strukturierung |
| Methodische Entscheidungen | Veranschaulichung | Kommunikation/Reflexion |
| Unterrichtsmanagement | Ziel-/Kompetenz-orientierung | Unterrichtserfolg |
| Sicherung der Unterrichtsergebnisse in Fachsprache | Lehrerpersönlichkeit Klassenführung | Fachspezifika |
| Maßnahmen der Differenzierung und Individualisierung | | |

Für einen Besuch als Gesprächsleitung zur Unterrichtshospitation bei einer Lehrkraft, die sich auf eine ausgeschriebene Stelle, zum Beispiel in der Schul- oder Seminarleitung, Fachberatung, Stufensprecher, bewerben möchte, werden die aus unserer Sicht notwendigen Basics »erfolgreichen Unterrichts« um Aspekte erweitert, die notwendig sind, um die Progression der professionellen Lehrkraft zur »Lehrkraft mit besonderer Verwendungseignung« gemeinsam in den Blickwinkel der Unterrichtsnachbesprechung zu nehmen.

| Besondere Stärken | | |
|---|---|---|
| Lerngegenstand – sachliche Richtigkeit | Maßnahmen der Differenzierung und Individualisierung | Klare Strukturierung |
| Methodische Entscheidungen | Veranschaulichung | Kommunikation/Reflexion |
| Unterrichtsmanagement | Ziel-/Kompetenz-orientierung | Unterrichtserfolg |
| Sicherung der Unterrichts-ergebnisse in Fachsprache | Lehrerpersönlichkeit Klassenführung | Schüleraktivierung |
| Medieneinsatz | Aufbau eines vernetzten Wissens | Effektive Lernzeit |
| Strategieorientierung | Reflexionskultur | Fachspezifika |

Im erweiterten Aufgabenfeld der Schullandschaft sind für die Besetzung von bestimmten Funktionsstellen neben der Unterrichtsqualität die Fähigkeit und Bereitschaft zur Zusammenarbeit mit der Schulleitung, dem Kollegium und den Erziehungsberechtigten sowie mit anderen schulischen und außerschulischen Stellen (z. B. Kindertagesstätten, anderen Schularten, Schulberatung, Jugendämtern, Ausbildungsbetrieben, Unternehmen, Hochschulen, anderweitigen Institutionen, die die schulische und unterrichtliche Arbeit bereichern können) relevant. Deshalb ist es wichtig, über diese Merkmale zu sprechen:

| Fachberatung | Schulleitung | Beratungsrektor/ Systembetreuung | Seminarleitung |
|---|---|---|---|
| Berufskenntnisse und ihre Erweiterung | Belastbarkeit | Belastbarkeit | Belastbarkeit |
| | Einsatzbereitschaft | Einsatzbereitschaft | Berufskenntnisse und ihre Erweiterung |
| | Entscheidungsvermögen | | |
| | Berufskenntnisse und ihre Erweiterung | | |

## 3.10.4 Aufmerksamkeitsrichtungen für einen »ganz normalen« Unterrichtsbesuch bei jeder Lehrkraft

| Besondere Stärken | Zeitmanagement | Zielorientierung |
|---|---|---|
| Artikulation/Stufung des Unterrichts | Medien | Sachstruktur/Inhalt/ Didaktische Reduktion |
| Klassenstruktur/ Individuallage | (Fachgemäße) Lern- und Arbeitsweisen | Variabilität der Unterrichts- und Sozialformen |
| Sachorientierung | Schülerorientierung | Zielorientierung |

Kennen Sie diese Situation? Eine Gruppe von Unterrichtsbeobachtern sitzt nach dem gesehenen Unterricht zusammen, es wird eine endlos lange Runde, bis jeder zu Wort kommt, manche Beobachter lassen sich auch nicht bremsen und erzählen ausführlich vom gesehenen und bisher schon jemals gesehenen Unterricht bei anderen Personen und von damals, den eigenen erprobten Lehrversuchen im Vergleich zu der gesehenen Stunde. Die Meinungsvielfalt ist groß, die Meinung der Lehrkraft kommt oft zu kurz.

Die Nachbesprechung wird dann langatmig, manche Beteiligte ziehen sich verbal und emotional zurück und ein großer Schatz an Meinungsvielfalt und Beobachtungspunkten geht verloren.

Die folgende Methodenauswahl eignet sich sehr gut für Nachbesprechungen im Kollegium, für kollegiale Hospitationen mit mehreren Beobachtenden, im Studienseminar der Lehrerausbildung, kurzum immer wenn mehr als drei Personen zusammen aktivierend Unterricht nachbesprechen möchten oder sollen. Die vorgestellten Methoden folgen alle dem Grundsatz, die Unterrichtsbeobachtergruppe in kleinere Gruppen oder vorlaufende Einzelreflexionen aufzulösen, bevor im Plenum die wichtigsten Punkte zusammengefasst werden. Zu einzelnen Methoden gibt es Zusatzmaterial in Form von Kopiervorlagen, das Sie mit minimalem Zusatzaufwand sofort einsetzen können.

Auf diese Weise bleibt die Meinungsvielfalt der Beobachter erhalten, Vielredner werden ihre Meinung in der Gruppe und nicht im Gesamtplenum los und alle können sich auf die Hauptpunkte der Unterrichtsnachbesprechung konzentrieren.

## 3.11.1 Phasenabfolge des Nachgesprächs mit Beobachtergruppen mit mehr als drei Personen

Die Phasen der Nachbesprechung gliedern sich in die Abfolge: Eröffnung (Phase 1), Methodische Aufbereitung (Phase 2) und Abschluss (Phase 3). Die Eröffnungs- und die Abschlussphase erfolgen in klassischer Art und Weise wie in der Einzelnachnachbesprechung mit ein bis drei Personen.

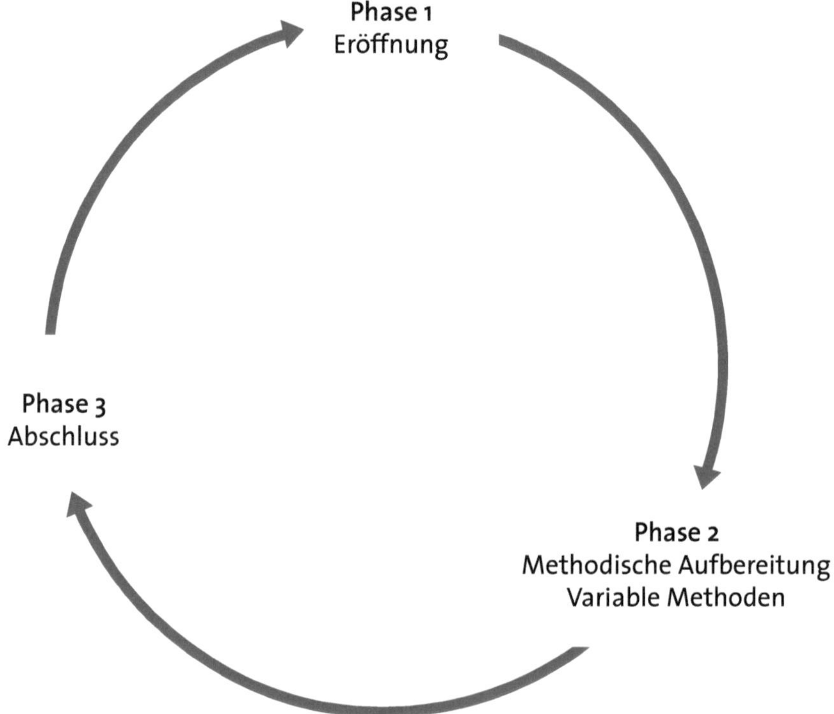


Die nachstehenden Methoden für die *zweite Phase im Nachgespräch* sind mehrfach erfolgreich erprobte Mittel zur effektiven kompetenzorientierten Nachbesprechung von Unterricht mit Beobachtergruppen mit mehr als drei Personen.

| Phase 1<br>Eröffnung | Phase 2<br>Methodische Aufbereitung<br>Variable Methoden | Phase 3<br>Abschluss |
| --- | --- | --- |
| Ein Blitzlicht (jeder benennt im offenen Austausch den ersten (positiven) Eindruck des gesehenen Unterrichts<br><br>und/oder<br><br>die unterrichtende Lehrkraft benennt für sie Wichtiges zur Klasse/zum Unterrichtsverlauf und -ergebnis). | Variable Methoden<br>• Freie Kartenabfrage<br>• Gebundene Kartenabfrage<br>• Schreibspaziergang<br>• Kugellager<br>• Expertenkonferenz<br>• »Think – pair – share«-Filter<br>• Suppenteller | Im weiteren Nachgespräch können<br>• offene Fragen beantwortet,<br>• Schwerpunkte des Unterrichts/der Unterrichtssequenz herausgearbeitet,<br>• Bezüge zum Lehrplan und den Bildungsstandards/Kompetenzen sowie Alternativen besprochen werden. |

| Phase 1<br>Eröffnung | Phase 2<br>Methodische Aufbereitung<br>Variable Methoden | Phase 3<br>Abschluss |
|---|---|---|
| Tipp: Die Teilnehmer der Beobachtergruppe notieren zusätzlich in dieser Phase auf einem kleinen Zettel etwas Positives für die Lehrkraft. Am Ende wird diese kleine Sammlung der Lehrkraft als Dank übergeben (KV 15). | • Arbeitsteiliges Beobachten<br>• Abklatschen<br>• Antithesen<br>• Männchen setzen<br>• Schreibdreieck<br>• Schreibrechteck<br>• Ideentopf<br><br>Seite 61–69 | Der Unterrichtende kann eine Rückmeldung über das erhaltene Feedback geben und – wenn sinnvoll – Konsequenzen festlegen.<br><br>Abschließender Dank, Übergabe der Dankeszettel (siehe Phase 1, KV 15). |

## Übersicht der Methoden mit Zusatzmaterial und Einsatztipps zur Methode | 3.11.2

| Methode | Besonders gut geeignet für: | Kopiervorlage(n) |
|---|---|---|
| 3.11.3 Freie Kartenabfrage | Gruppen, die schnell miteinander ins Gespräch kommen wollen | KV 7 |
| 3.11.4 Gebundene Kartenabfrage | Gruppen, die gezielter analysieren wollen oder in freier Abfrage noch überfordert sind | KV 8 |
| 3.11.5 Schreibspaziergang | Unterrichtsstunden, die nicht die gefüllten Erwartungen erfüllen; ins Plenum kommen dann ggf. nur ausgewählte Fragen der Gruppe | KV 9a–c |
| 3.11.6 Kugellager | Gruppen, die eine Aktivierung brauchen | Beobachtungsaufträge, z. B. (KV 1) oder Impulskärtchen (KV 4a–d) |
| 3.11.7 Expertenkonferenz | Gruppen, die sich intensiv mit der Nachbesprechung auseinandersetzen wollen | Beobachtungsaufträge, z. B. (KV 1) oder Impulskärtchen (KV 4a–d) |
| 3.11.8 »Think–pair–share«-Filter | sehr große Gruppen; ins Plenum kommt dann nur das Filtrat der Besprechungspunkte der einzelnen Gruppen | Beobachtungsbogen (KV 1) oder Impulskärtchen (KV 4a–d) |

| Methode | Besonders gut geeignet für: | Kopiervorlage(n) |
|---|---|---|
| 3.11.9 Suppenteller | Gruppen, die Nachbesprechungen ganz klassisch angehen wollen | Beobachtungsaufträge, z. B. (KV 1) oder Impulskärtchen (KV 4a–d) |
| 3.11.10 Arbeitsteiliges Beobachten | Gruppen, die zeitsparend besprechen möchten | Beobachtungsaufträge, z. B. (KV 1) oder Impulskärtchen (KV 4a–d) |
| 3.11.11 Abklatschen | Gruppen, die sich schon ein bisschen kennen und sich gegenseitig bereichern wollen | Beobachtungsbogen (KV 1) oder Impulskärtchen (KV 4a–d) |
| 3.11.12 Antithesen | Gruppen, die »besprechungsfaul« sind und so zum »Miteinandersprechen« aktiviert werden | KV 10a–c |
| 3.11.13 Männchen setzen | Gruppen, die ein Stärkenbild der Unterrichtsstunde visualisieren möchten | KV 11a und b |
| 3.11.14 Schreibdreieck | sehr große Gruppen; ins Plenum kommt dann nur das Filtrat der Besprechungspunkte der einzelnen Gruppen | KV 12 |
| 3.11.15 Schreibrechteck | sehr große Gruppen; ins Plenum kommt dann nur das Filtrat der Besprechungspunkte der einzelnen Gruppen | KV 13 |
| 3.11.16 Ideentopf | Gruppen, die viele Ideen und Alternativen zur Unterrichtsstunde finden möchten | KV 14a bzw. KV 14b |

Gezielte Beobachtungsaufträge (KV 4a–d) sowie ein Beobachtungsbogen (KV 1) sorgen für ein noch effektiveres Nachbesprechen von Unterricht in Bezug auf Qualität und zeitliche Ökonomie.

## Freie Kartenabfrage | 3.11.3

**Material:**

- Blanko-Wortkarten in zwei Farben, z. B. weiß und gelb
- ggf. dicke Marker
- evtl. Klebestreifen, Magnete zum Fixieren der Wortkarten
- Symbole »Prima« (»+«) und »Fragenswertes« (»?«) als Überpunkte (KV 7)

**Ablauf:**

- Jeder Beobachtende erhält mehrere Wortkarten in jeweils zwei unterschiedlichen Farben.
- Auf einer Karte werden positive Anmerkungen zum beobachteten Unterricht notiert, zum Beispiel: »Das hat mich beeindruckt …«, »Das fand ich prima …«, »Das war für mich bemerkenswert …«, »Das nehme ich für meinen Unterricht mit …«
- Auf die zweiten Karten schreiben die Beobachtenden, was sie genauer wissen möchten, wo sie noch eine Nachfrage hätten, was ihnen unklar ist, wo sie eine Alternative hätten, …
- Anschließend werden die Karten an der Tafel/Flipchart oder als Bodenbild unter den Symbolen »+« und »?« (KV 7) geordnet.

> Die Beobachtenden notieren frei.

## Gebundene Kartenabfrage | 3.11.4

**Material:**

- Blanko-Wortkarten in zwei Farben, z. B. weiß und gelb, ggf. dicke Marker
- evtl. Klebestreifen, Magnete zum Fixieren der Wortkarten
- Symbole als Überpunkte: »Beobachtetes« (Augen) und »Ideen/Fragen/Alternativen« (Glühbirne) (KV 8)

**Ablauf:**

- Der Moderator der Unterrichtsnachbesprechung gibt einige Beobachtungsaspekte vor (siehe KV 1), die Gesprächsleitung wählt Aufmerksamkeitsrichtungen aus dem Beobachtungsbogen aus oder alternativ über die Impulskärtchen (KV 4a–d).
- Jeder Beobachter erhält zwei Wortkarten in unterschiedlichen Farben, zum Beispiel weiß und gelb, und notiert:
  - Farbe 1: Beobachtetes zu den Beobachtungsaufträgen
  - Farbe 2: Ideen/Fragen/Alternativen
- Anschließend werden die Karten an der Tafel/Flipchart oder als Bodenbild unter den Überpunkten der Beobachtungsaufträge geordnet.
- Die Karten der Beobachtenden werden den Aufgabenkarten zugeordnet, und es ergeben sich hieraus weitere Besprechungspunkte.

> Unterschied zur freien Kartenabfrage:
> Die Beobachtenden notieren nach Beobachtungsaspekten.

## 3.11.5 | Schreibspaziergang

**Material:**

- Überpunkte der KV 9a–c auf DIN-A3-Blätter/Plakate kleben und auslegen
- Stifte zum Notieren auf die Plakate

**Ablauf:**

Im Raum hängen oder liegen verschiedene vorbereitete Blätter/Plakate zu unterschiedlichen Beobachtungsschwerpunkten aus. Die Nachbesprechenden gehen von Plakat zu Plakat und notieren ihre Gedanken. Zum Beispiel zu den Aufmerksamkeitsrichtungen:

- Das fiel mir auf: …
- Vorsicht, Stolperstein!
- Das möchte ich für mich übernehmen …
- Besonders gewinnbringend in der Stunde fand ich …
- Als Alternative könnte ich mir vorstellen, …
- Fragen
- …

Die Nachbesprechenden gehen im Raum umher und schreiben ihre Meinung/ihre Beobachtungen aus der Unterrichtsstunde auf die Plakate. Im Rahmen einer Galerie hat anschließend jeder die Möglichkeit, die Ergebnisse zu lesen.

Am Ende stellt sich jeder Nachbesprechende zu dem Plakat, das ihm am wichtigsten erscheint. Hieraus entwickeln sich die weiteren Schwerpunkte für das Nachgespräch.

> Alternativ oder zusätzlich können auch die Impulskarten der Nachbesprechung auf die Plakate geklebt werden.

## 3.11.6 | Kugellager

**Material:**

Beobachtungsaufträge in Anzahl der Beobachter, z. B. KV 1 oder KV 4a–d

**Ablauf:**

- Jeder Nachbesprechende hat einen unterschiedlichen Beobachtungsauftrag (siehe KV 1), die Gesprächsleitung wählt Aufmerksamkeitsrichtungen aus dem Beobachtungsbogen aus oder alternativ über die Impulskärtchen (KV 4a–d).
- In einem Kugellager werden die Beobachtungen ausgetauscht. Dabei wechselt der Innenkreis, zum Beispiel nach einer Zeitvorgabe von zwei Minuten, einen Platz im Uhrzeigersinn weiter. Der Außenkreis bewegt sich nicht.

- Anschließend werden in Kleingruppen wesentliche Ergebnisse zusammengetragen, eventuell visualisiert und dann dem Plenum vorgestellt.

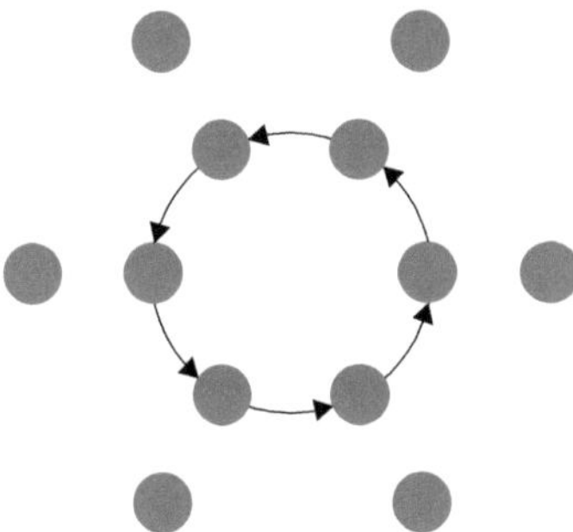

- Bei wenig Platz kann man sich auch gegenüber wie in einer Gasse stellen oder setzen und dann jeweils im Uhrzeigersinn den nächsten Gesprächspartner finden.

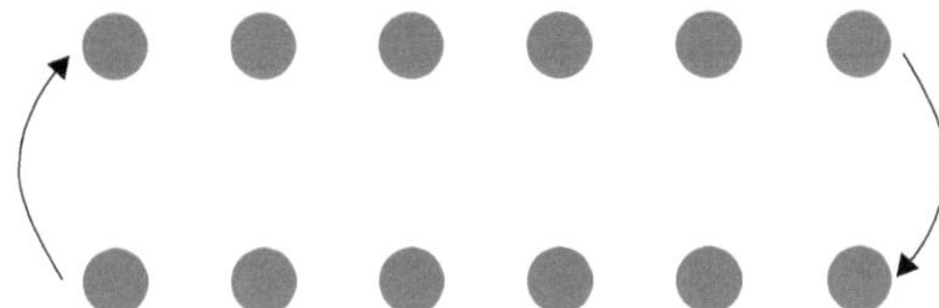

## Expertenkonferenz | 3.11.7

### Material:

- Beobachtungsaufträge in Anzahl der Teilnehmer (z. B. KV 1 oder 4a–d)

- Je nach Gruppengröße erhält jeweils vor der Unterrichtsstunde eine Zweier- oder Dreiergruppe von Beobachtenden den gleichen Beobachtungsauftrag (siehe KV 1), die Gesprächsleitung wählt Aufmerksamkeitsrichtungen aus dem Beobachtungsbogen aus oder alternativ über die Impulskärtchen (KV 4a–d).
- Im Rahmen einer Expertenkonferenz können so zunächst alle gleichen Beobachtungen zusammengetragen und anschließend als Experten weitergegeben werden.

### Ablauf:

1. Expertengruppe
   - Alle Beobachtenden mit der gleichen Aufgabe treffen sich in den Expertengruppen.
   - In der Expertngruppe besprechen/vergleichen und ergänzen sie ihre Ergebnisse.

2. Expertenkonferenz
   - Ein Beobachter aus jeder Expertengruppe trifft sich nun mit jeweils einem anderen zur Expertenkonferenz.
   - Die Beobachter stellen ihre Ergebnisse den anderen vor und geben so »Expertenwissen« der Reihe nach weiter und erschließen sich somit ein Analysegerüst des gesehenen Unterrichts selbst.

3. Zusammenführung im Plenum

4. Zum Abschluss führt der Moderator mit den Beobachtenden die Informationen im Gespräch oder auch in einem Tafel- oder Bodenbild nochmals zusammen.

## 3.11.8 | »Think – pair – share«-Filter

**Material:**

- Beobachtungsaufträge in Anzahl der Teilnehmer (z. B. KV 1 oder 4a–d)

**Ablauf:**

- Jeder Beobachtende hat die gleichen Beobachtungsaufträge.
- Nach der Unterrichtshospitation werden die Beobachtungen zunächst
  - allein
  - dann mit einem anderen Beobachter 
  - und anschließend in der Kleingruppe besprochen. 

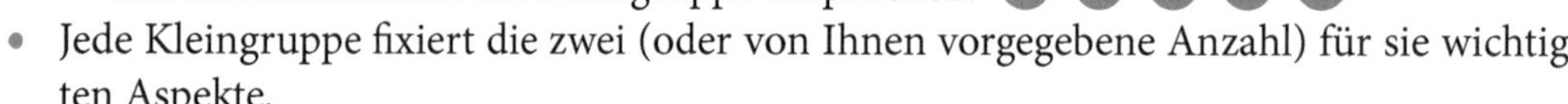

- Jede Kleingruppe fixiert die zwei (oder von Ihnen vorgegebene Anzahl) für sie wichtigsten Aspekte.
- Diese werden im Plenum vorgestellt und besprochen.

> Diese Methode eignet sich vor allem für sehr große Gruppen an Beobachtenden.

## 3.11.9 | Suppenteller

**Material:**

- Beobachtungsaufträge, z. B. KV 1 oder KV 4a–d
- kein Zusatzmaterial notwendig

**Ablauf:**

Alle Beteiligten sitzen in offener Runde und geben sich wechselseitig Rückmeldung.

**Phasenvorschlag**

1. Erste offene Rückmeldung mit spontanen Eindrücken
2. Rückmeldung über die vorher festgelegten Aspekte des beobachteten Unterrichts
3. Zusammentragen der wichtigsten Aspekte als Handlungsimpulse zur Weiterarbeit

## Arbeitsteiliges Beobachten | 3.11.10

### Material:

- Beobachtungsaufträge, z. B. KV 1 oder KV 4a–d
- kein Zusatzmaterial notwendig

### Ablauf:

Jeder Beobachtende erhält einen Beobachtungsauftrag vor der Unterrichtsstunde.
Nach der Unterrichtshospitation stellt jeder zunächst seinen Beobachtungsauftrag vor und benennt die wesentlichen Aufmerksamkeitsrichtungen.

## Abklatschen | 3.11.11

### Material:

- Stuhlkreis mit zwei Stühlen im Innenkreis
- Blanko-Wortkarten
- Marker

### Organisation:

- Stuhlkreis für die Beobachterrunde – im Kreis befinden sich zwei zusätzliche Stühle (Beraterstuhl und ein Stuhl für den, der beraten werden soll).
- Zusätzlich wird ein Schriftführer bestimmt, der auf Wortkarten die wichtigsten Punkte des Gesagten zur Weiterarbeit notiert.

### Ablauf:

- Die Person, die den Unterricht gehalten hat, nimmt inmitten des Stuhlkreises Platz, ebenso der Moderator der Runde, und sie beginnen sich über den Unterricht auszutauschen. Der Schriftführer notiert Wortkarten zu dem Besprochenen.
- Im weiteren Verlauf können immer wieder andere Beobachtende des »Außenkreises« die Besprechenden in der Mitte durch »Abklatschen«, zum Beispiel ein leichtes Berühren an der Schulter, ablösen.
- So übernimmt eine andere Person die Rolle der Unterrichtenden, eine weitere die der Beraterin.

### Zusatzmöglichkeit:

- Falls ein Innenspieler nicht mehr weiterweiß, steht er auf und übergibt durch Abklatschen an eine andere Freiwillige aus dem Außenkreis.

**Auswertung:**

- Metaebene: Wie ging es mir als Berater/als derjenige, der beraten wird?
- Inhaltlich: Wortkarten der Gesprächsleitung als Strukturierungshilfe/Aspekte der Weiterarbeit
- Abschluss: Zusammenfassung anhand der Wortkarten

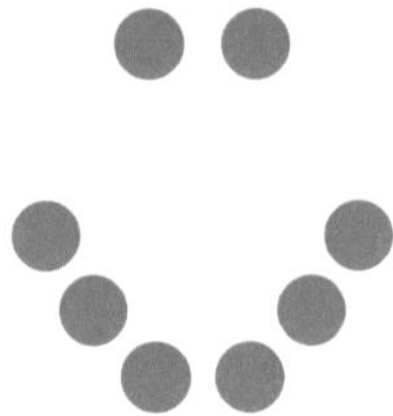

## 3.11.12 | Antithesen

**Material:**

- Überpunkte der KV 10a–c auf DIN-A3-Blätter vergrößern, in der Mitte trennen und als Impulskarten bereitlegen
- Stifte zum Notieren auf die Plakate
- Blanko-Wortkarten in zwei Farben, z. B. weiß und gelb

**Ablauf:**

Der Moderator für das Nachgespräch bereitet als Gesprächsanlass Antithesen vor, die zum Widerspruch reizen. Durch die Absolutheit der Formulierung wird die Beobachtergruppe gereizt, zu widersprechen, und kommt so in einen Diskussionsverlauf.

> Diese Methode ist auch als Schreibspaziergang möglich (siehe Seite 62).
> Dazu die Thesen auf DIN-A3-Papier aufkleben und zum Notieren auslegen.

## 3.11.13 | Männchen setzen

**Material:**

- KV 11a und b: Kärtchen ausschneiden, gegebenenfalls vergrößern und Leerkästchen mit persönlichen Schwerpunkten für die Nachbesprechung beschriften
- Der Unterrichtende erhält: 3 Brettspielsteine einer Farbe, z. B. gelb
- Jeder weitere Gesprächsteilnehmer erhält, je nach Gruppengröße:
  - 1–3 Brettspielsteine einer anderen Farbe, z. B. grün
  - gegebenenfalls weiße Blankokärtchen, um sein eigenes Anliegen zur Unterrichtsnachbesprechung mit einbringen zu können

### Ablauf:

- Nach einer ersten ritualisierten Runde, in der zunächst die bemerkenswert positiven Aspekte hervorgehoben werden, liest der Unterrichtende die am Tisch ausliegenden Kärtchen und setzt jeweils einen gelben Stein auf den Aspekt/die Aspekte, den/die er besprechen möchte.
- Im Folgenden setzt die Beobachtergruppe gegebenenfalls noch grüne Steine, falls sie noch weitere Besprechungspunkte anbringen möchte.
- Weiße Blankokärtchen dienen dazu, sein eigenes Anliegen zur Unterrichtsnachbesprechung mit einbringen zu können, falls es nicht durch die am Tisch oder Boden liegenden Karten abgedeckt ist.
- Zusätzliche weiße Blankokärtchen können außerdem den Inhalt des Besprechungspunktes zusammenfassen.
- Zunächst wird auf die »Steine« der Unterrichtenden eingegangen, um im weiteren Verlauf der Nachbesprechung die Themenschwerpunkte der Beobachtergruppe aufzugreifen.
- Das entstehende Bild dient als Schaubild der Unterrichtsanalyse und kann für die Dokumentation des Besprochenen fotografiert werden.
- Zum Ende werden Schwerpunkte für die Weiterarbeit zusammengefasst.

## Schreibdreieck | 3.11.14

### Material:

- KV 12: Schreibdreieck in Anzahl der Beobachtenden kopieren

### Ablauf:

- Nach der Unterrichtsstunde füllen die Nachbesprechenden zunächst in Einzelarbeit das Reflexionsdreieck aus. Dabei orientieren sie sich an den Punkten:
  - Gelungenes/Bemerkenswertes/Besondere Stärken des Unterrichts
  - Fragen/Nachhakenswertes
  - Alternativen
- Im Anschluss schreiben die Nachbesprechenden das, was sie in die Gruppe einbringen möchten, als Filtrat in Stichpunkten in das Mitteldreieck.
- Das ausgefüllte Mitteldreieck bildet dann die Gesprächsgrundlage für die Punkte der Nachbesprechung im Plenum.

> Die Phase des Ausfüllens erfolgt still, jeder schreibt für sich. So bleibt die Verschiedenheit der Aufmerksamkeitsrichtungen der Nachbesprechung gewahrt.

- Zum Ende werden Schwerpunkte für die Weiterarbeit zusammengefasst.

## 3.11.15 | Schreibrechteck

**Material:**

- Vorlage KV 13: Schreibrechteck in Anzahl der Beobachtenden kopieren

**Ablauf:**

- Nach der Unterrichtsstunde füllen die Nachbesprechenden zunächst jeder für sich, ohne miteinander zu sprechen, das Reflexionsrechteck aus. Dabei orientieren sie sich an den Punkten:
  - Gelungenes/Bemerkenswertes/Besondere Stärken des Unterrichts
  - Besonders geförderte Kompetenzen
  - Fragen/Nachhakenswertes
  - Alternativen
- Jedes Gruppenmitglied trägt seine Gedanken vor. Im Anschluss schreiben die Nachbesprechenden das, was sie in die Gesamtgruppe einbringen möchten, als Filtrat in Stichpunkten in das Mittelrechteck.
- Das ausgefüllte Mittelrechteck bildet dann die Gesprächsgrundlage für die Punkte der Nachbesprechung im Plenum.

**Variante:**

- Jede Vierergruppe erhält eine Vorlage der KV 13 (Schreibrechteck) und jeder Nachbesprechende bekommt ein Feld zum stillen Ausfüllen.
- Die Gruppenmitglieder lesen durch Drehen des Reflexionsrechtecks die Gedanken der anderen.
- Stichpunkte in die Mitte des Placemat schreiben
- Schnellere Gruppen können die Punkte des Mittelrechtecks in eine Rangfolge bringen.

- Zum Ende werden Schwerpunkte für die Weiterarbeit zusammengefasst.

## 3.11.16 | Ideentopf

**Material:**

- KV 14a oder KV 14b: Ideentopf in Anzahl der Beobachtenden kopieren

**Ablauf:**

- Jeder Teilnehmer notiert jeweils seinen Beitrag in die unterschiedlichen Kategorien.
- Danach wird das Blatt im Uhrzeigersinn weitergegeben. Dadurch erhält jedes Gruppenmitglied vom rechten Nachbarn ein bereits zum Teil ausgefülltes Blatt, liest es durch und schreibt wiederum seine Ideen zu dem Gelesenen dazu.
- Ja nach Gruppengröße und Zeitmöglichkeit kann das Blatt so lange weitergegeben werden, bis jeder sein Ausgangsblatt wieder hat.
- Das ausgefüllte Ideentopfblatt bildet dann die Gesprächsgrundlage für die Punkte der Nachbesprechung im Plenum.

**Variante:**
- Leere Kategorien der KV 14b (Ideentopf) ermöglichen es den Nachbesprechenden, sich selbst mit ihren Besprechungs- und Anmerkungswünschen einzubringen.
- Die dann ergänzten Blätter mit den frei formulierten Kategorien werden nach dem gleichen Schema weitergegeben und dann ins Plenum gebracht.

- Zum Ende werden Schwerpunkte für die Weiterarbeit zusammengefasst.

# 4 Schwierige Situationen in Nachbesprechungen

Kompetenzorientierte Unterrichtsnachbesprechungen finden auf der Beziehungs- und (nur zum Teil) auf der Sachebene statt. Deshalb sind sie unter anderem auch eine Arena für Selbstdarsteller und für Positionskämpfer. Aufgabe der Gesprächsleitung ist es, durch Prävention und Intervention dazu beizutragen, dass Unterrichtsnachbesprechungen nicht in Zeitvergeudung enden, sondern durch die kompetenzorientierte Unterrichtsnachbesprechung mehr Arbeitszufriedenheit und ein Beitrag zur Schul- und Unterrichtsentwicklung geleistet werden kann. Besprechungen sind immer auch soziale Ereignisse, in denen die Teilnehmenden ihre individuellen Lebensthemen wie Zugehörigkeit, Anerkennung und Wirksamkeit verhandeln und unter Umständen um ihren Status in der Gruppe ringen. Für die Besprechungsleitung heißt das, die Dynamik in der Dyade oder in der (Klein-)Gruppe gut im Blick zu haben und den Gruppenprozess so zu steuern, dass die unterschiedlichen Bedürfnisse so gut wie möglich berücksichtigt werden.

## 4.1 Konfliktgespräche

Im Laufe der Begegnungen mit unterschiedlichen Lehrkräften wird es irgendwann unausweichlich sein, auch in kompetenzorientierten Unterrichtsnachbesprechungen zu »unangenehmen« Aspekten zu kommen, die mit der Lehrkraft besprochen werden: Zum Beispiel, weil eine Lehrkraft permanent schlechte Unterrichtsergebnisse abliefert oder

- weil die Lehrkraft generell unfreundlich zu den Schülern ist oder
- weil die Lehrkraft ständig zu spät zum Unterricht kommt und deshalb die Aufsichtspflicht in der Klasse nicht gewährleistet ist und die Disziplin leidet oder
- …

In jedem dieser Fälle ist ein Gespräch und ein Benennen des jeweiligen Punktes notwendig. Dazu gibt es zwei Möglichkeiten: entweder durch Konfrontation oder durch Kooperation. Im Folgenden werden beide Möglichkeiten gegenübergestellt und in ihrer Wirkung beurteilt.

| Konfrontation | Kooperation: Einbezug der Lehrkraft |
|---|---|
| **Gesprächsleitung:** Sie haben im letzten Monat wiederholt, und zwar genau 15 Mal, Ihre Aufsichtspflicht zur Vorviertelstunde und zum Unterrichtsbeginn nicht wahrgenommen!<br>Ich will, dass Sie künftig pünktlich Ihren allgemeinen und speziellen Dienstpflichten nachkommen und sich kein Versäumnis mehr leisten. | **Gesprächsleitung:** Ich habe Sie heute zu diesem Gespräch gebeten, weil mir aufgefallen ist, dass es Ihnen schwerfällt, pünktlich die Aufsichtspflicht wahrzunehmen.<br>Ich möchte von Ihnen wissen, was passieren muss, dass Ihnen die Pünktlichkeit zu Unterrichtsbeginn und die Wahrnehmung der Aufsichtspflicht so leichtfällt wie Ihren Kollegen! |

| Beurteilung des Gesprächseinstiegs | |
|---|---|
| Die Lehrkraft wird mit der Anschuldigung direkt angegangen. | Die Gesprächsleitung involviert den Mitarbeiter selbst dazu, den angesprochenen Aspekt beizulegen. |
| Die Perspektive ist vergangenheitsbetont. | Die Perspektive ist zukunftsbetont mit dem genauen Ziel der Veränderung. |
| Die Lehrkraft hat keine Möglichkeit, sich selbst zu erklären, und wird nicht selbst motiviert und herausgefordert, den Konflikt gezielt beizulegen. | Ein Konflikt kann nicht einseitig beendet werden, es braucht vor allem den Konfliktverursacher selbst dazu, da er ja in der Regel für den Konflikt verantwortlich ist. |
| Es besteht die Gefahr einer Blockadehaltung seitens der Lehrkraft. Es passiert möglicherweise gar nichts oder die Schuld wird auf andere geschoben. | Die von der Lehrkraft gebrachten Optimierungsvorschläge in ihrer Realisierung können dann nach einiger Zeit auf ihre Wirksamkeit hin überprüft werden. |

## Rivalität mit der Gesprächsleitung — 4.2

Manche Lehrkraft fühlt sich (oder ist tatsächlich) fachkundiger im Nachgespräch und fühlt sich beleidigt oder nicht im ausreichenden Maß wertgeschätzt. Manchmal wird dann die Gesprächsleitung von der Lehrkraft offen oder verdeckt fachlich angegriffen, wie die beiden folgenden Äußerungen exemplarisch zeigen:

1. **Lehrkraft:** Die Hattie-Studie hat im Zusammenhang mit Frontalunterricht doch gezeigt, dass ... Haben Sie die nicht gelesen?
2. Oder die Lehrkraft bietet Alternativvorschläge zum Vorgehen der Nachbesprechung an:
   **Lehrkraft:** Vielleicht sollte die Bedeutung der Symbole erst geklärt werden, damit sie alle verstehen, statt einer Sonne würde ich ein »Daumen hoch«-Symbol verwenden und dies erst am Schluss legen ...

Was kann man als Gesprächsleitung tun? In all diesen Konstellationen darf man als Gesprächsleitung die Konkurrenzsituationen nicht annehmen, um nicht aus der Rolle der Gesprächsleitung zu fallen. Gleichzeitig sollte versucht werden, dem Konflikt auf der Sachebene zu begegnen und die Kräfte, die aus der Reibung in der kompetenzorientierten Unterrichtsnachbesprechung entstehen, auf das Ziel der Beratung und die Herzensstärkung der Lehrkraft auszurichten.

- Zu 1.: Lassen Sie spezifizieren und differenzieren.
  **Gesprächsleitung:** Was genau möchten Sie damit sagen? ... Was noch? ... Was noch? ... Was wünschen Sie sich von mir, wenn Sie diese Studie ansprechen?
- Zu 2.: Orientieren Sie sich an dem, was für eine zielführende kompetenzorientierte Unterrichtsnachbesprechung notwendig ist. Vielleicht ist der Vorschlag der Lehrkraft eine weitere Möglichkeit, die zum gleichen Ergebnis kommt.
  **Gesprächsleitung:** Das ist eine weitere Möglichkeit, nachzubesprechen. Was wäre aus Ihrer Sicht der Vorteil?

**Tipp:** Um Störungen vorzubeugen, empfehlen wir: Je klarer Sie auf eine kompetenzorientierte Unterrichtsnachbesprechung vorbereitet sind und sich über den genauen Ablauf im Klaren sind, umso weniger werden Gegenmaßnahmen zum weiteren zufriedenstellenden Gesprächsverlauf erforderlich sein. Je klarer das Ziel der kompetenzorientierten Unterrichtsnachbesprechung ist und je deutlicher wird, in welcher Phase der Besprechung man sich gerade befindet, desto geringer der Ansatz für Behinderungen des Gesprächs.

Für die Beziehungsgestaltung in kompetenzorientierten Unterrichtsnachbesprechungen ist zu beachten: Die Gesprächsleitung muss sich professionell verhalten, nicht immer kann man das aber von der im Unterricht besuchten und im Schulalltag wahrgenommenen Lehrkraft erwarten.

# Statt eines Nachwortes – ein Erfahrungsschatz

5

Aus unserer Erfahrung heraus möchten wir Ihnen zum Abschluss folgende Punkte zur erfolgreichen kompetenzorientierten Unterrichtsnachbesprechung mit auf den Weg geben, die sich besonders bewährt haben:

- ☑ Bevor die Nachbesprechung beginnt, sollte eine Pause von 5 bis 10 Minuten gemacht werden. So kann jeder seine Gedanken ordnen und einmal durchschnaufen.
- ☑ Der zeitliche Rahmen von 45 bis maximal 60 Minuten sollte nicht überschritten werden. Die Aufnahmekapazität an Informationen hat dann seine Grenze für alle an der Nachbesprechung Beteiligten erreicht.
- ☑ Die Phasenstruktur der kompetenzorientierten Unterrichtsnachbesprechung ist eine gute Leitlinie, bietet Sicherheit und sollte nur im Ausnahmefall verlassen werden.
- ☑ Grundsätzlich sollten alle an der Nachbesprechung Beteiligten zu Wort kommen. Eine Verteilung von 70 Prozent des Gesprächsanteils bei der unterrichtenden Lehrkraft ist anzustreben.
- ☑ Die Entscheidung, welche Aspekte besprochen werden, sollte nicht allein der unterrichtenden Lehrkraft überlassen werden, da dadurch wesentliche Punkte übergangen werden könnten.
- ☑ Im Nachgespräch sollte der unterrichtenden Lehrkraft die Möglichkeit gegeben werden, sich zu jedem Aspekt, der angesprochen wird, zu äußern.
- ☑ Im Nachlauf der kompetenzorientierten Unterrichtsnachbesprechung ist eine kurze Zusammenfassung der wesentlichen Punkte des Nachgesprächs für alle Beteiligten sehr hilfreich.
- ☑ Bei den Zielvereinbarungen sollten am besten ein bis drei, keinesfalls mehr als fünf Zielrichtungen angestrebt werden. Dabei sollte darauf geachtet werden, dass in der Mehrzahl der Zielvereinbarungen an Stärken weitergearbeitet wird.
- ☑ Die methodische Gestaltung des Beratungsgesprächs über Impulskarten oder die Besprechungslandkarte bietet eine Visualisierung an, die rückblickend als Strukturhilfe eines persönlichen Protokolls und Sicherung dienen können.
- ☑ Der Einsatz eines »MeBoards. – Coaching in Bildsprache der METALOG® training tools« ist eine mögliche und ebenfalls wirksame Methode zur kompetenzorientierten Nachbesprechung von Unterricht. Das MeBoard kann flach auf dem Tisch oder hängend, zum Beispiel an einer Flipchart oder Tür, benutzt werden und ist in vier Sektoren unterteilt, die zum Beispiel mit den Bereichen »Unterrichten«, »Erziehen«, »Diagnostizieren« und »Fördern« sowie »Elternarbeit« oder »Inklusion« überschrieben werden. Die vier Sektoren

können nacheinander mit den Bildern und notierten Begriffen gefüllt werden. Am Ende wird mittels eines abschließenden Bildes oder Begriffs, das oder der im Zentrum des MeBoards platziert wird, ein Fazit gezogen und eine Zielperspektive für die Weiterarbeit angebahnt. Zusätzlich kann das MeBoard Prozessbegleiter im Bereich der Persönlichkeitsentwicklung einer Lehrkraft werden und zur Rollenklärung in der Schule beitragen.

☑ Gegen Ende einer kompetenzorientierten Unterrichtsnachbesprechung kann die Lehrkraft gebeten werden, mithilfe der Impulskarten oder der Besprechungslandschaft zusammenzufassen, was sie aus der Nachbesprechung mitnimmt und welchen Einfluss dies auf ihre weitere Entwicklung nehmen wird.

☑ Zum Schluss der stärkenorientierten Unterrichtsnachbesprechung hat es sich bewährt, genügend Zeit einzuplanen, den Verlauf der Nachbesprechung auf einer Metaebene zu reflektieren und Wünsche für das nächste Gespräch festzuhalten.

Wir wünschen Ihnen viel Erfolg im Umgang mit der kompetenzorientierten Unterrichtsnachbesprechung!

*Katja Köhler und Lorenz Weiß*

# Übersicht Kopiervorlagen

*** Hinweise zu den Kopiervorlagen**

| KV | Hinweis |
|---|---|
| 6a–d | • KV auf A3 vergrößern |
| 9a–c | • KV auf A3 vergrößern<br>• KV an den gestrichelten Linien ausschneiden<br>• als Impulskarten bereitlegen |
| 10a–c | • KV auf A3 vergrößern<br>• KV an den gestrichelten Linien ausschneiden<br>• als Impulskarten bereitlegen |
| 11a/b | • ggf. vergrößern<br>• an den gestrichelten Linien ausschneiden<br>• als Impulskarten bereitlegen |

# Download-Materialien

Diese Kopiervorlagen können Sie mit dem Passwort unter www.beltz.de auf der Produktseite des Buches im Internet herunterladen (Passwort: KOMp_U58): KV 1, 2, 3, 6–d, 7, 8, 9a–c, 10a–c, 11a/b, 12, 13, 14a/b, 15.

| Unterrichtshospitation | bei: | am: | Klasse: |
|---|---|---|---|

| Zeit | Unterrichtsverlauf | Besondere Kompetenzen und Stärken | | | |
|---|---|---|---|---|---|
| | | Planung, Begründung des Unterrichtsentwurfs | | »Roter Faden« | |
| | | Artikulation/Stufung | | Strukturierung | |
| | | Erziehungs- und Ordnungsrahmen/ erzieherisches Wirken | | Differenzierung | |
| | | (Anteil) Lehrersprache/ Lehrerverhalten | | Fächerübergreifende Erziehungs- und Bildungsziele | |
| | | Variation von Sozial- und Arbeitsformen | | Kompetenzorientierung | |
| | | Variation von Schüleraktivierungen | | Verhältnis Lehreraktivität – Schüleraktivität | |
| | | Medien (Tafelanschrift/ Tafelbild/Arbeitsblätter/Hefteintrag/...) | | Meldebeteiligung | |
| | | Unterrichtsorganisation | | Zielklarheit | |
| | | Beobachtungen zur Klasse und zu Einzelschülern | | Reflexions- und Feedbackkultur | |
| | | Unterrichtserfolg/ Lernzuwachs | | Fachdidaktische Besonderheiten | |
| | | Weitere Unterrichtsprinzipien | | Sonstiges/Extras | |
| | | Lehrerpersönlichkeit | | | |

| Besondere Stärken in der | | |
|---|---|---|
| Schülerorientierung | Zielorientierung | Sachorientierung |
| | | |

______________________________
Schule/Kollegium/Abteilung/Sachgebiet

| Unterrichtsbesuch an der Schule | Lehrkraft | Klasse |
| --- | --- | --- |
| | | |

| Thema | Zeit |
| --- | --- |
| | |

**Gesprächsnotiz**

***I. Bestätigung des Unterrichtsbesuchs mit anschließender Nachbesprechung***

Der Unterrichtsbesuch mit anschließender Nachbesprechung zwischen

______________________________ ______________________________
(Name der Gesprächsleitung) (Name der Lehrkraft)

hat am ______________ stattgefunden.
(Datum)

***II. Wesentliche Inhalte des Gesprächs***

______________________________

______________________________

______________________________

______________________________

______________________________

______________________________

***III. Besondere Kompetenzen und Stärken der Lehrkraft***

______________________________

______________________________

______________________________

______________________________

______________________________ ______________________________ ______________________________
(Ort, Datum) (Gesprächsleitung) (Lehrkraft)

Das ist mein Ziel/Das sind meine Ziele:

Ganz präzise möchte ich:

Daran erkenne ich, dass ich mein Ziel erreicht habe:

Daran erkennen andere, dass ich mein Ziel erreicht habe:

Dies kann mich daran hindern, mein Ziel zu erreichen:

Dies wird mir helfen, mein Ziel zu erreichen:

Unterstützen wird mich bei meiner Zielsetzung:

Ort, Datum | Unterschrift(en)

| | | | |
|---|---|---|---|
| **Unterrichtsklima** | **Unterrichtsklima**<br>• Lehrkraft fördert eine positive Einstellung zum Lernen und Leisten<br>• pädagogisch wirksame Lern- und Arbeitsatmosphäre<br>• positives soziales Miteinander<br>• Umgangston der Lehrkraft<br>• Wertschätzung und Anerkennung<br>• … | **Klassenführung** | **Klassenführung**<br>• (präventiv wirkendes) Regelsystem für einen reibungslosen Unterrichtsverlauf<br>• Überblick der Lehrkraft über Aktivitäten der Schülerinnen und Schüler<br>• hohes Maß an Lernzeit<br>• flexible schüler- und situationsgemäße Reaktionen der Lehrkraft<br>• … |
| **Sachstruktur** | **Sachstruktur**<br>• fachwissenschaftliche Korrektheit<br>• Bildungsrelevanz<br>• damit verbundene didaktische Reduktion<br>• Verwendung von Fachsprache<br>• (falls möglich) Beachtung fachlicher und/oder überfachlicher Zusammenhänge<br>• … | **Motivierung** | **Motivierung**<br>• Anknüpfung an Erfahrungshorizont der Schülerinnen und Schüler<br>• Einbezug von Schülerinteressen<br>• Transparenz der Sinnhaftigkeit des Unterrichtsinhalts<br>• Aufforderungscharakter der Aufgabenstellungen<br>• positive Verstärkung<br>• Anerkennung individueller Lernfortschritte<br>• … |
| **Zielorientierung** | **Zielorientierung**<br>• Unterricht setzt Kompetenzerwartungen des Lehrplans um<br>• angestrebte Lehrziele werden bewusst<br>• zielorientierter Lernprozess findet statt und/oder ein Lernzuwachs ist feststellbar<br>• Unterricht baut zusammenhängendes, vernetztes Wissen auf<br>• Leistungserwartung an die Schülerinnen und Schüler ist transparent<br>• … | **Differenzierung** | **Differenzierung**<br>• Erfassen der Lernausgangslage<br>• angepasste Lernumgebung<br>• Kompetenz- und Lern-Erfolgserlebnisse<br>• Anforderungsniveaus<br>• individuelle, gezielte Unterstützung<br>• Umgang mit Fehlern der Schülerinnen und Schüler für das Weiterlernen<br>• … |
| **Strukturiertheit** | **Strukturiertheit**<br>• Anknüpfung an bisher Gelerntes<br>• klare Phasenstruktur des Unterrichtsverlaufs erkennbar<br>• Rhythmisierung<br>• Verteilung der Lehrer-Schüleraktivitäten<br>• Lehrersprache<br>• Unterrichtstempo ↔ Leerlauf<br>• … | **Kompetenzorientierung** | **Kompetenzorientierung**<br>• Bewältigung einer Handlungssituation/problemorientierten Fragestellung als Ausgangspunkt des Unterrichts<br>• Schülerinnen und Schüler verfügen über<br>– notwendiges Wissen<br>– notwendiges Können<br>– notwendige Strategien<br>– notwendiges Wollen<br>• Unterricht ermöglicht Performanzerlebnisse dieser Kompetenzen<br>• … |

| | | | |
|---|---|---|---|
| **Wechsel der Sozial- und Tätigkeitsformen** | **Wechsel der Sozial- und Tätigkeitsformen**<br>• Unterricht ermöglicht Bewegung durch einen Wechsel der Sozialformen (Tafelhalbkreis, Stehkreis, Sitzkreis, Partnerarbeit, Gruppenarbeit, Plenum, …)<br>• Aktivierung der Schülerinnen und Schüler durch einen Wechsel der Tätigkeiten (Zuhören, Lesen, Unterstreichen, Besprechen, …)<br>• … | **Selbstständiges Lernen** | **Selbstständiges Lernen**<br>• eigenständige Zielsetzung der Schülerinnen und Schüler<br>• Auswahl geeigneter Lernstrategien und Lerntaktiken<br>• Überwindung von Problemen/Ablenkungen<br>• Motivation der Schülerinnen und Schüler<br>• Kompetenzerwerb (fachlich, methodisch, medial, personal und/oder sozial) wird ermöglicht<br>• Aufgabenauswahl/-zuordnung<br>• Kontroll-/Berichtigungsmöglichkeiten<br>• … |
| **Unterrichtserfolg** | **Unterrichtserfolg**<br>• optimale Passung an die Lernausgangslage der Schülerinnen und Schüler<br>• Sicherung der Unterrichtsergebnisse<br>• »Output«<br>• Nutzung der Übungs-/Lernzeit<br>• Lernintensität<br>• Klarheit des Ergebnisses<br>• … | **Variabilität der Unterrichts- und Sozialformen** | **Variabilität der Unterrichts- und Sozialformen**<br>Verhältnis von<br>• lehrerorientiertem Unterricht<br>• schülerorientiertem Unterricht<br>• offenen/freien Unterrichtsformen<br>• Einzelarbeit<br>• Partnerarbeit<br>• Gruppenarbeit<br>• Präsentation von Lernergebnissen/-prozessen<br>• … |
| **Variabilität der Unterrichtsmethoden** | **Variabilität der Unterrichtsmethoden**<br>• didaktisch-methodische Stimmigkeit und Zielführung der gewählten Methode(n)<br>• Methodenkompetenz der Schülerinnen und Schüler<br>• allgemeine und fachspezifische Arbeitsweisen<br>• Rhythmisierung<br>• … | **Weitere Anmerkungen/ Beobachtungen/ Feststellungen** | **Weitere Anmerkungen/ Beobachtungen/ Feststellungen** |
| **Fachspezifika** | **Fachspezifika**<br>• Besonderheiten in der Artikulation des Unterrichts<br>• besondere fachgemäße Arbeitsweisen<br>• … | **»Roter Faden«** | **»Roter Faden«**<br>• organische Verbindung der einzelnen Unterrichtsphasen<br>• Abschluss einzelner Unterrichtsphasen durch eine Teilzusammenfassung<br>• Überleitungsimpulse zwischen den Phasen<br>• Rückbezug auf die Ausgangsfrage/-problemstellung<br>• … |

| Vorderseite | Rückseite | Vorderseite | Rückseite |
|---|---|---|---|
| **(Anteil) Lehrersprache/ Lehrerverhalten** | **(Anteil) Lehrersprache/ Lehrerverhalten**<br>• Sprachanteil der Lehrkraft: So viel wie nötig und so wenig wie möglich!<br>• nonverbales Verhalten: Blickkontakt, Körperstellung vor der Gruppe, Körpersprache, Mimik und Gestik, Sicherheit<br>• Lehrersprache: Sprachstil, Lautstärke, Sprechtempo, Korrektheit, Verständlichkeit<br>• … | **Planung, Begründung des Unterrichtsentwurfs** | **Planung, Begründung des Unterrichtsentwurfs**<br>• Sachstruktur<br>• didaktische Reduktion<br>• Lehrplanorientierung<br>• Bildungsstandards<br>• sequenzielle und fachdidaktische Schwerpunktsetzung<br>• inhaltliche/fachliche Klarheit<br>• Tiefenstruktur<br>• Vernetzung mit anderen Fächern/Lernbereichen<br>• … |
| **Meldebeteiligung** | **Meldebeteiligung**<br>• Meldebereitschaft der Klasse<br>• Anzahl der Meldungen insgesamt<br>• Mit wie vielen (und den stets gleichen?) Schülerinnen und Schülern wird gearbeitet?<br>• geschlechtsspezifische Verteilung der Meldungen<br>• Qualität der Beiträge<br>• … | **Erziehungs- und Ordnungsrahmen/ erzieherisches Wirken** | **Erziehungs- und Ordnungsrahmen/ erzieherisches Wirken**<br>• Eingehen auf den einzelnen Schüler<br>• Prävention von Störungen<br>• Nutzen erzieherisch wertvoller Situationen<br>• konsequentes Handeln<br>• Schaffen produktiver Lern- und Arbeitsatmosphäre<br>• … |
| **Medien** | **Medien**<br>Lernförderlicher Einsatz:<br>• Tafelanschrift<br>• (entwickelndes) Tafelbild<br>• Arbeitsblätter<br>• Hefteintrag<br>• Lehrer-Erzählung<br>• Modelle<br>• Karten<br>• …<br>Einsatz technischer Geräte:<br>• Tageslichtprojektor<br>• Beamer<br>• Whiteboard<br>• DVD-Player<br>• CD-Player<br>• … | **Zielklarheit** | **Zielklarheit**<br>• Lehrplaneinbindung<br>• Bildungsstandards<br>• klare Zielangabe für die Schülerinnen und Schüler<br>• Stimmigkeit der methodischen Entscheidungen in Bezug auf die Zielführung des Unterrichts<br>• Miteinbezug der Schülerinnen und Schüler in Bezug auf die Schwerpunktsetzung der Zielfindung in größeren Unterrichtsvorhaben<br>• … |
| **Unterrichts-organisation** | **Unterrichtsorganisation**<br>• Organisation des Arbeitsplatzes<br>• räumliche Ordnung<br>• »Alles, was gebraucht wird, liegt griffbereit«<br>• zeitliche Planung<br>• Organisation der Differenzierung<br>• ökonomisches Austeilen von Materialien<br>• … | **Beobachtungen zur Klasse und zu Einzelschülern** | **Beobachtungen zur Klasse und zu Einzelschülern**<br>• Aussagekraft<br>• Zielgerichtetheit<br>• Differenziertheit<br>• Sachlichkeit<br>• abgeleitete Konsequenzen zur Förderung<br>• … |

| | | | |
|---|---|---|---|
| **Weitere Unterrichts-prinzipien** | **Weitere Unterrichts-prinzipien**<br>• Anschauung<br>• Selbsttätigkeit<br>• Elementarisierung<br>• Ökonomie<br>• … | **Lehrer-persönlichkeit** | **Lehrerpersönlichkeit**<br>• Gewissenhaftigkeit<br>• Verständnis für sich und andere<br>• Wohlwollen und Mitgefühl gegenüber Mitmenschen<br>• Offenheit für neue Erfahrungen<br>• aktivierendes und zwischenmenschliches Verhalten<br>• emotionale Stabilität<br>• erzieherische Souveränität<br>• Durchsetzungsfähigkeit<br>• Klassenführung<br>• … |
| **Veranschaulichung** | **Veranschaulichung**<br>• Medienauswahl, -gestaltung und -einsatz<br>• Verortung im Lernprozess<br>• Visualisierung von Zusammenhängen<br>• Verhältnis Aufwand – Ertrag<br>• … | **Reflexions- und Feedbackkultur** | **Reflexions- und Feedbackkultur**<br>• zielgerichtet<br>• kriteriengeleitet<br>• sach- und prozessgeleitet<br>• Konsequenzen für die Weiterarbeit<br>• Strategieorientierung<br>• Fachsprache<br>• Begriffsbildung<br>• Gesprächsführung<br>• … |
| **Besondere Stärken** | **Besondere Stärken** | **Besondere Stärken** | **Besondere Stärken** |
| | | | |

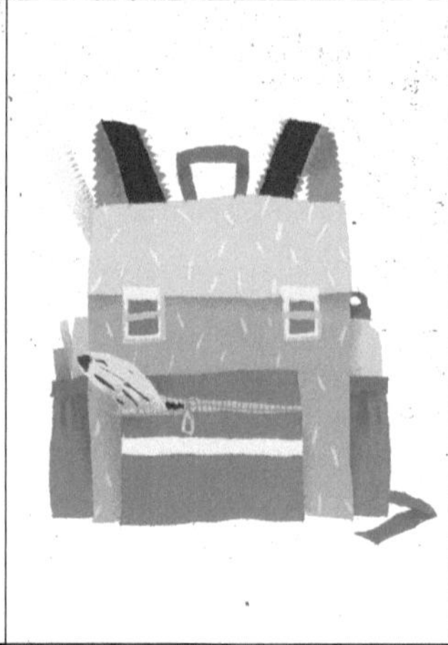

| | | | |
|---|---|---|---|
| Einstieg | Hinführung | Motivation | Einstimmung |
| Erarbeitung | Vertiefung | Durch-<br>führung | Verarbeitung |

 

| | | | |
|---|---|---|---|
| Anwendung | Transfer | Ausklang | Reflexion |
| Weiter-<br>führung | Besinnung | Zielangabe | Ausblick |
| Hypothesen | Überprüfen<br>der<br>Hypothesen |  |  |
|  |  |  |  |

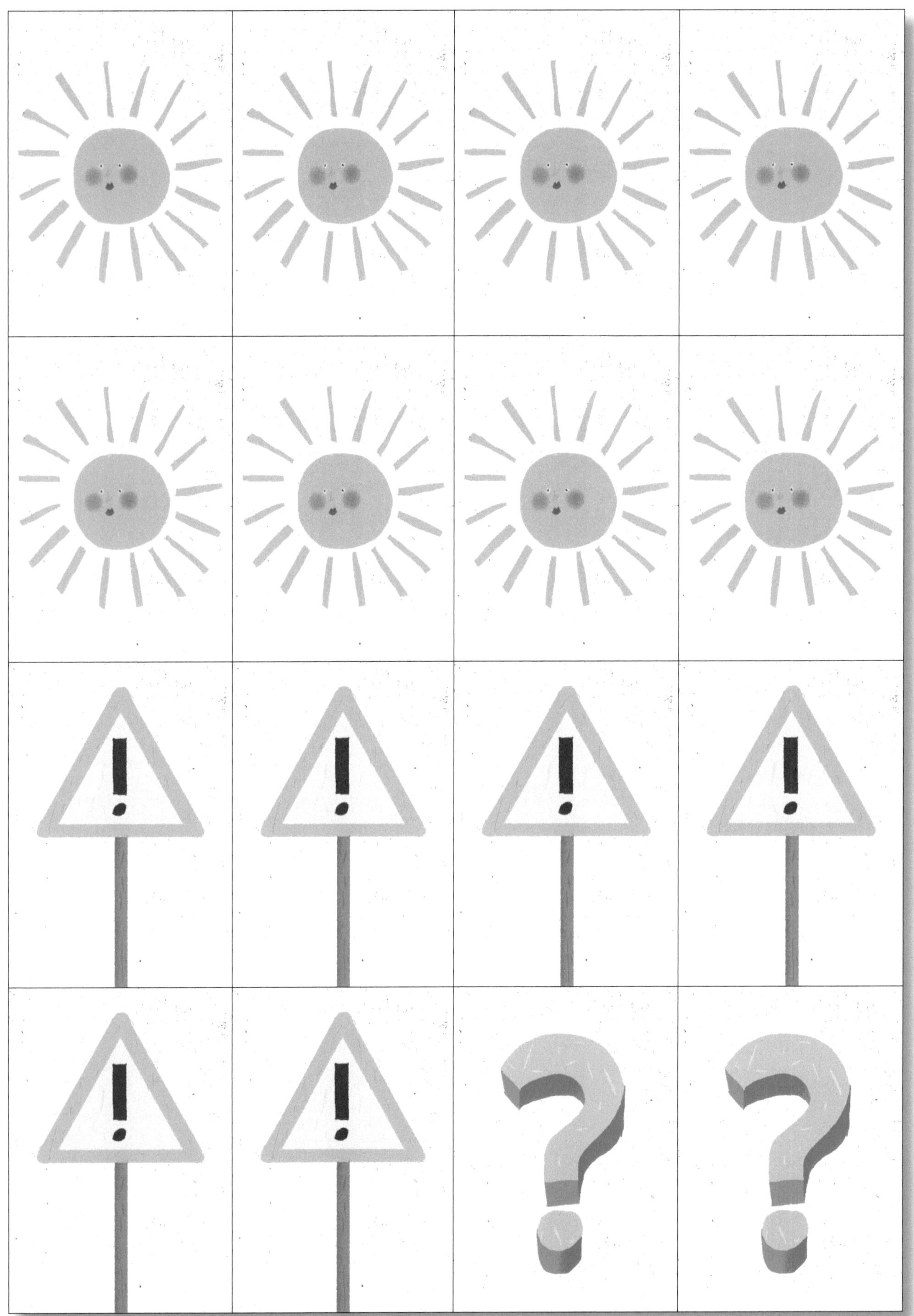

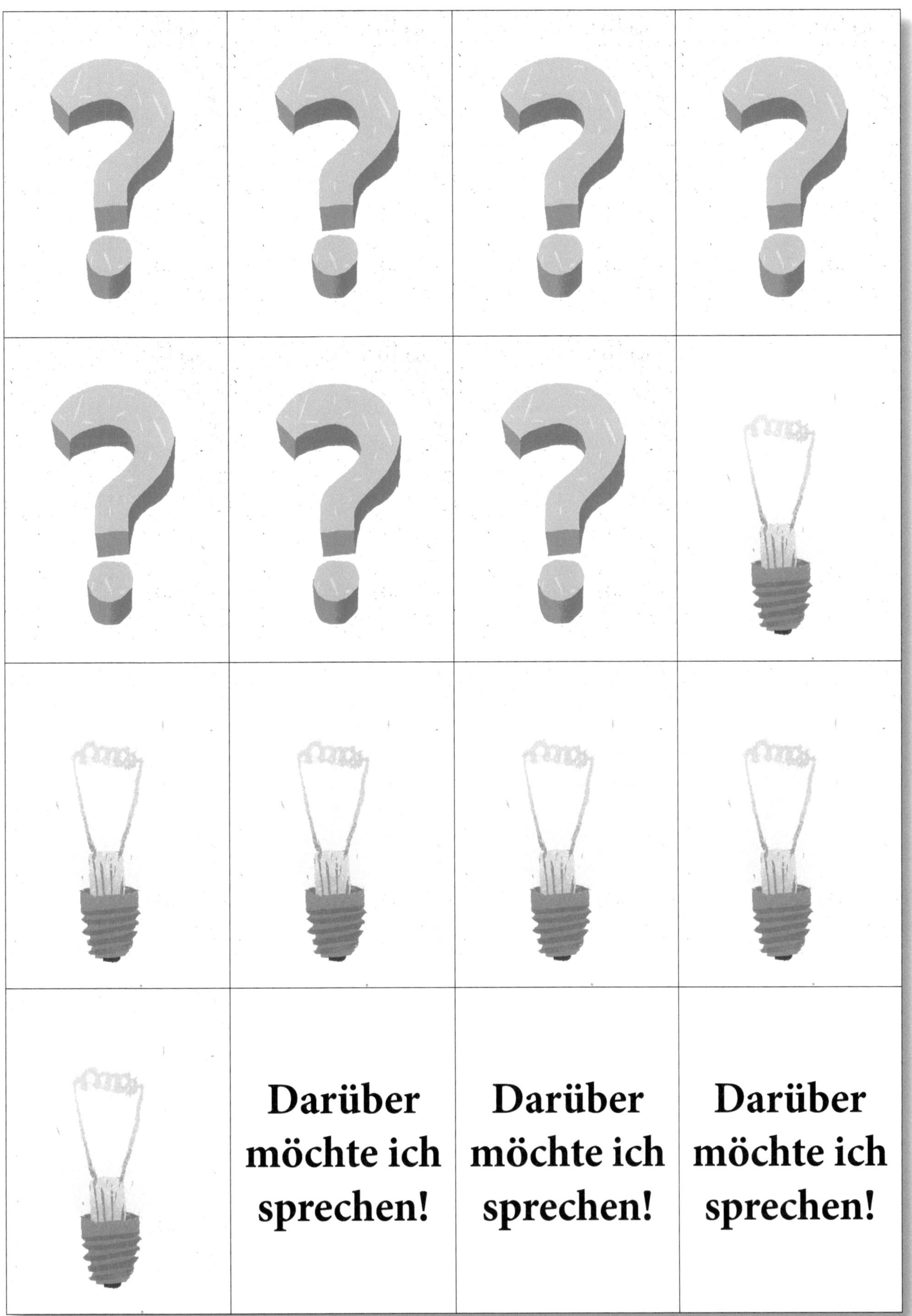
Darüber möchte ich sprechen!
Darüber möchte ich sprechen!
Darüber möchte ich sprechen!

Bewährte Aufmerksamkeitsrichtungen für den ersten Unterrichtsbesuch bei einer Lehrkraft oder einem Lehramtsanfänger

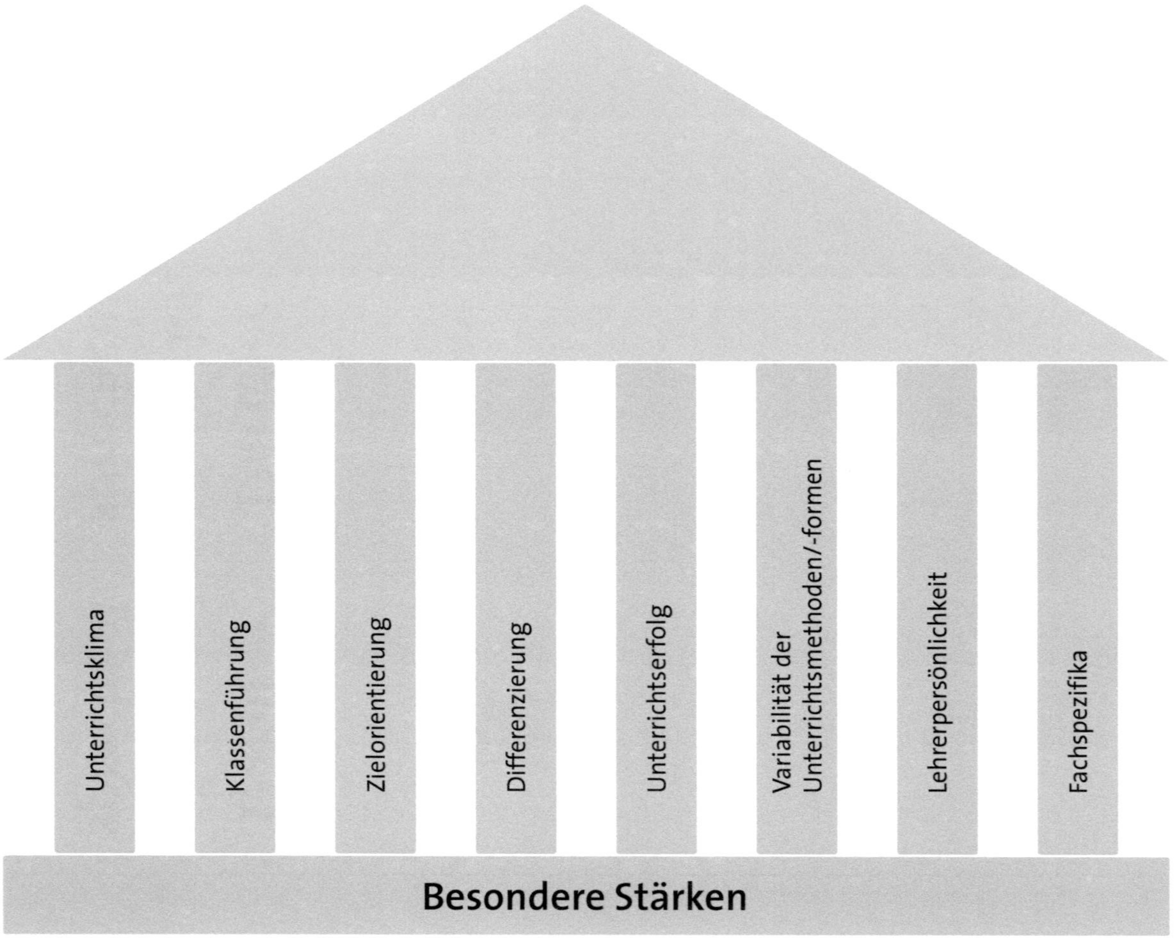

Unterrichtsklima

Klassenführung

Zielorientierung

Differenzierung

Unterrichtserfolg

Variabilität der Unterrichtsmethoden/-formen

Lehrerpersönlichkeit

Fachspezifika

**Besondere Stärken**

Rück- und Vorschau auf bereits getroffene / zu treffende Zielvereinbarungen

ZIEL

| Gesprächseinstieg | Bemerkenswertes Schwerpunkte setzen | Wahrnehmungsaustausch | Besprechungspunkte beschreiben, deuten Alternativen | Handlungsfelder Zielvereinbarungen | Abschluss |
|---|---|---|---|---|---|

| Gesprächseinstieg | Bemerkenswertes Schwerpunkte setzen | Besprechungswünsche | Besprechungspunkte beschreiben, deuten Alternativen | Handlungsfelder Zielvereinbarungen | Abschluss |
|---|---|---|---|---|---|

**Bewährte Aufmerksamkeitsrichtungen für den letzten Unterrichtsbesuch bei einem Lehramtsanfänger vor der Lehrprobe**

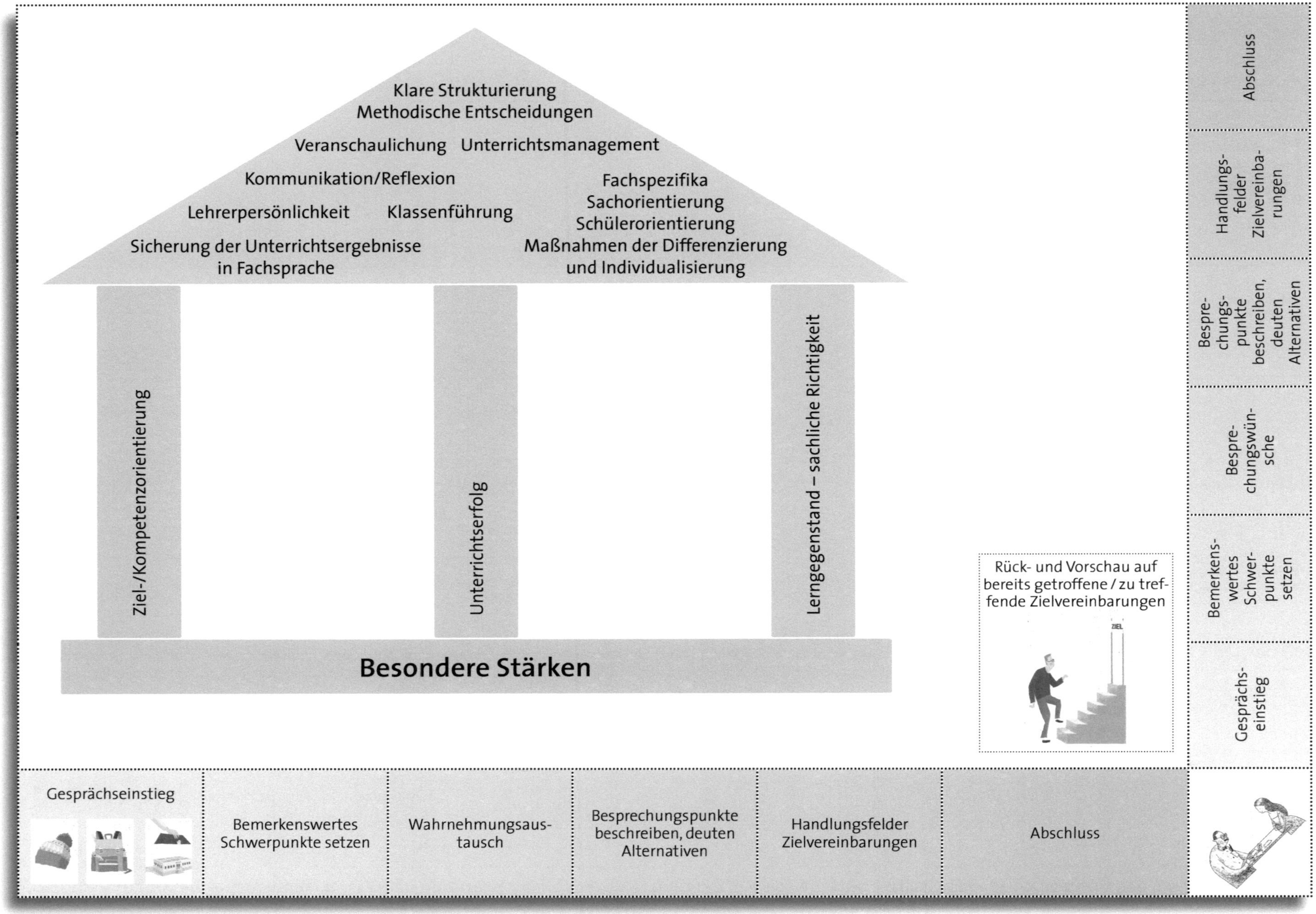

Klare Strukturierung
Methodische Entscheidungen
Veranschaulichung Unterrichtsmanagement
Kommunikation/Reflexion
Fachspezifika
Sachorientierung
Schülerorientierung
Lehrerpersönlichkeit Klassenführung
Sicherung der Unterrichtsergebnisse in Fachsprache
Maßnahmen der Differenzierung und Individualisierung

Ziel-/Kompetenzorientierung

Unterrichtserfolg

Lerngegenstand – sachliche Richtigkeit

**Besondere Stärken**

Rück- und Vorschau auf bereits getroffene / zu treffende Zielvereinbarungen

ZIEL

| Gesprächseinstieg | Bemerkenswertes Schwerpunkte setzen | Wahrnehmungsaustausch | Besprechungspunkte beschreiben, deuten Alternativen | Handlungsfelder Zielvereinbarungen | Abschluss |
|---|---|---|---|---|---|

Gesprächseinstieg | Bemerkenswertes Schwerpunkte setzen | Besprechungswünsche | Besprechungspunkte beschreiben, deuten Alternativen | Handlungsfelder Zielvereinbarungen | Abschluss

**Bewährte Aufmerksamkeitsrichtungen für einen Unterrichtsbesuch bei einer Lehrkraft, die sich auf eine ausgeschriebene Stelle bewerben möchte**

| | | | |
|---|---|---|---|
| Klassenführung | Unterrichtsklima | Motivierung | Lehrerpersönlichkeit |
| Zielorientierung | Strukturiertheit | Differenzierung | Variation von Schüleraktivierungen |
| Selbstständiges Lernen | Prozessqualität/ Ergebnisqualität | Unterrichtserfolg Lernzuwachs Bildungsgehalt | Erziehungs- und Ordnungsrahmen/erzieherisches Wirken |
| Fachspezifika | »Roter Faden« | Reflexions- und Feedbackkultur | Beobachtungen zur Klasse und zu Einzelschülern |
| Weiteres | Weiteres | Weiteres | Weiteres |
| **Besondere Stärken** | | | |

**Besondere Stärken**

- Zeitmanagement
- Ziele
- Sachstruktur/ Inhalt/ didaktische Reduktion
- Klassenstruktur/ Individuallage
- (fachgemäße) Lern- und Arbeitsweisen
- Variabilität der Unterrichts- und Sozialformen
- Medien
- Artikulation/ Stufung des Unterrichts
- Schülerorientierung

Rück- und Vorschau auf bereits getroffene / zu treffende Zielvereinbarungen

ZIEL

| Gesprächseinstieg  | Bemerkenswertes Schwerpunkte setzen | Wahrnehmungsaustausch | Besprechungspunkte beschreiben, deuten Alternativen | Handlungsfelder Zielvereinbarungen | Abschluss |
|---|---|---|---|---|---|

Abschluss

Handlungsfelder Zielvereinbarungen

Besprechungspunkte beschreiben, deuten Alternativen

Besprechungswünsche

Bemerkenswertes Schwerpunkte setzen

Gesprächseinstieg

Der Klassiker für alle Fälle

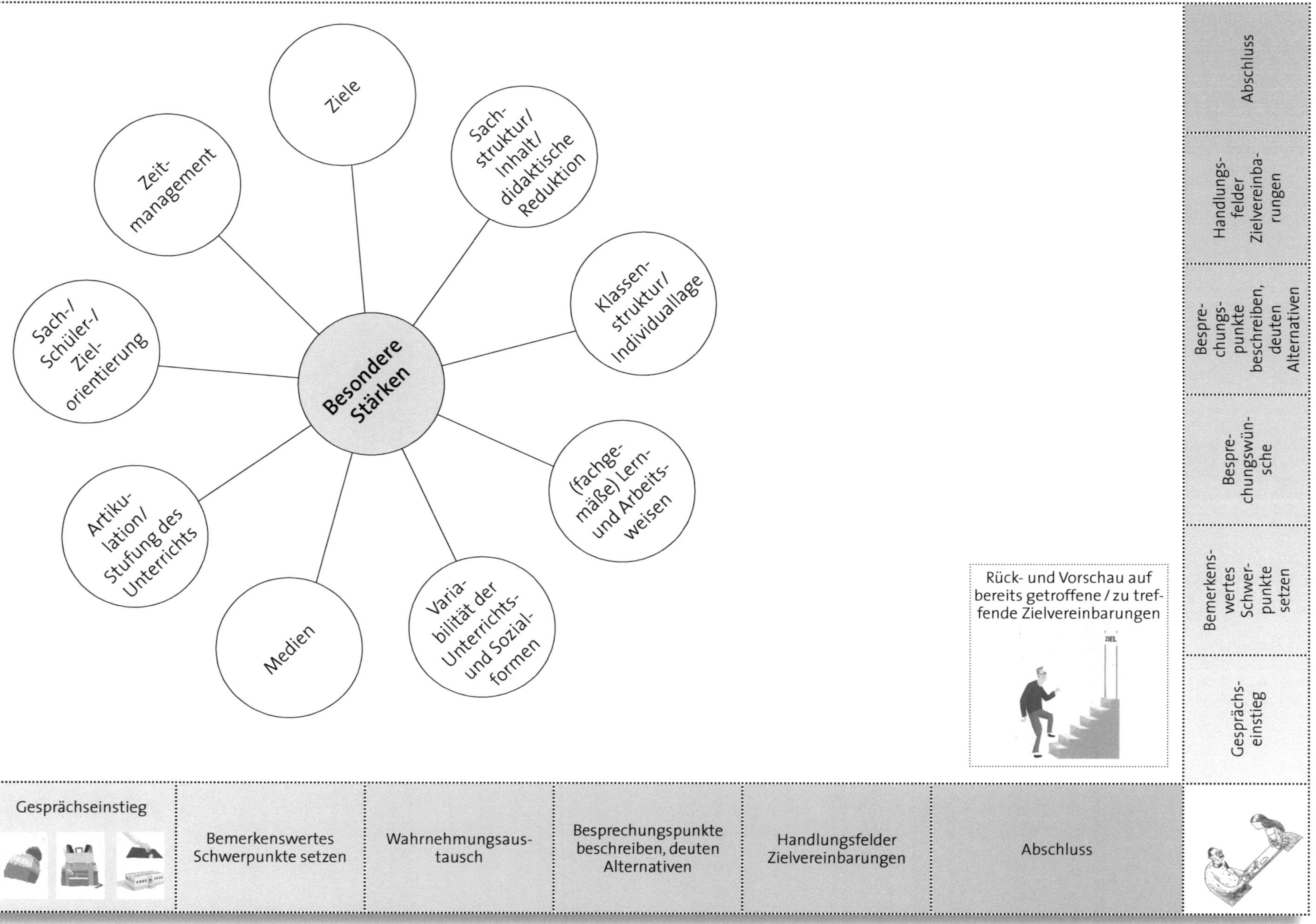

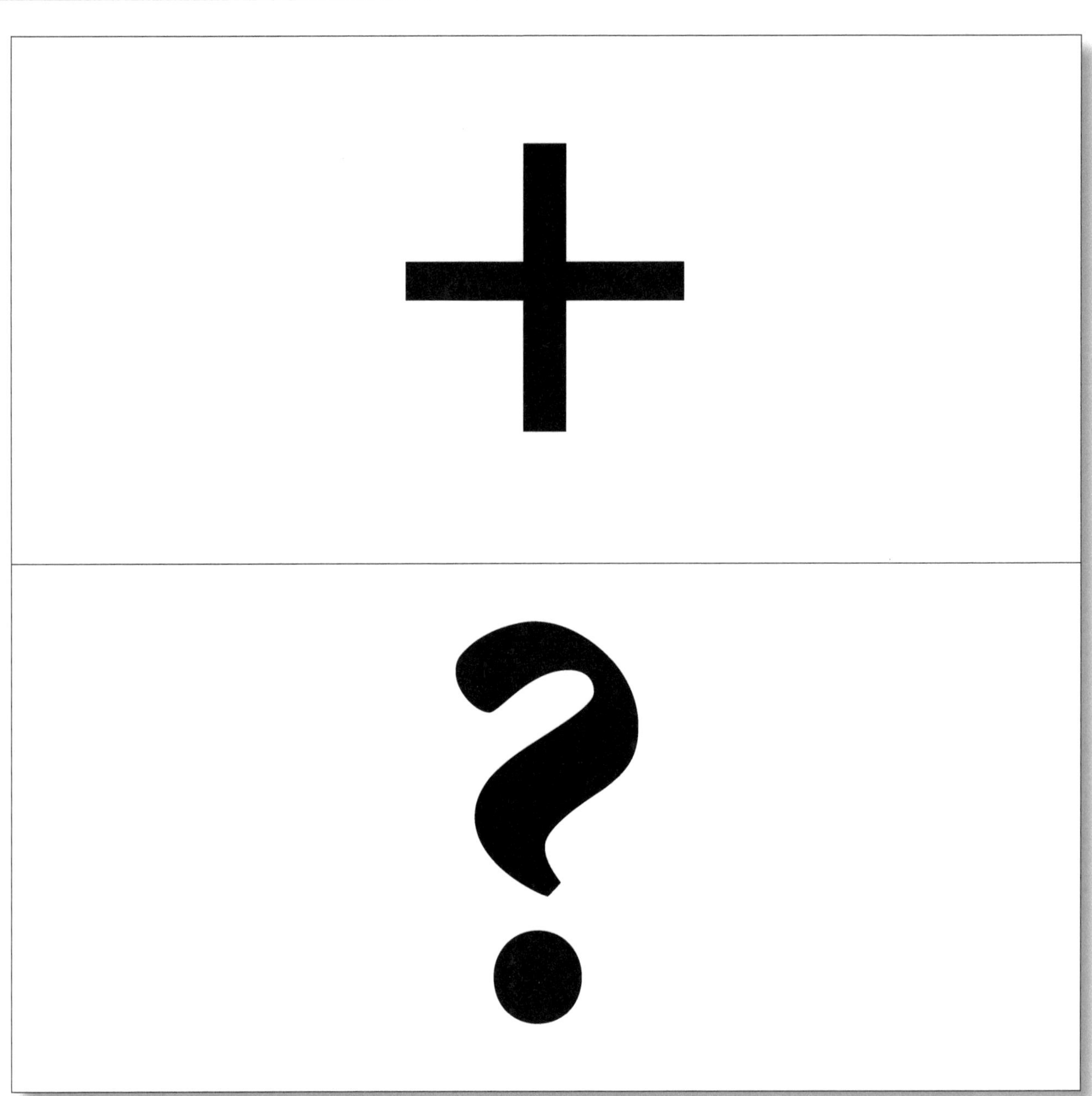

Optimierungsmöglichkeiten sind denkbar bei …

Die effektivste Phase des Unterrichts war …

Vorsicht Stolperstein!

Am Verhalten der Klasse fand ich gut, dass …

Das fiel mir auf …

Der »rote Faden« der Stunde zeigte sich an …

Das möchte ich für mich übernehmen …

Sinnvoll war …

Als Alternative könnte ich mir vorstellen, …

Besonders gewinnbringend in der Stunde fand ich …

Fragen

Ich könnte mir keine Alternative zu einzelnen Stundenphasen vorstellen, …

Die Lernenden haben in dieser Stunde überhaupt nichts gelernt!

Die Lehrkraft hatte zu keiner Zeit den Überblick über das Lerngeschehen!

Die Lernenden taten, was sie wollten, und nicht, was sie sollten!

Es war kein roter Faden in der Stunde erkennbar!

Zu keinem Zeitpunkt ging die Lehrkraft auf die Lernenden ein!

Die gewählten Unterrichtsmethoden entsprachen nicht dem Lerngegenstand!

Der Unterricht ließ keinerlei soziales Lernen zu!

 

Ein Unterrichtserfolg lässt sich weder kurz- noch langfristig erkennen.

Ein pädagogischer Bezug zu den Schülerinnen und Schülern wurde von der Lehrkraft nicht aufgebaut!

Merkmale guten Unterrichts lassen sich nicht erkennen!

# KV 11a | Zusatzmaterial Männchen setzen

| | | |
|---|---|---|
| Erziehungs- und Ordnungsrahmen/ erz. Wirken | Artikulation/ Stufung | Schüler-aktivierung |
| Beobachtungen zur Klasse und zu Einzelschülern | Klare Strukturierung | Planung, Begründung des Unterrichtsentwurfs/ inhaltliche Klarheit |
| Lehrersprache, -verhalten | Unterrichts-organisation/ echte Lernzeit | Medien (Tafelbild, Arbeitsblätter, Hefteintrag, Film, …) |

<table>
<tr><td>Fachdidaktische<br>Besonderheiten</td><td>Weitere Unter-<br>richtsprinzipien:<br>Zielorientierung,<br>Motivierung, Angemes-<br>senheit, Kontrolle</td><td>Lernförderliches<br>Klima</td></tr>
<tr><td>Weitere Unter-<br>richtsprinzipien:<br>Differenzierung,<br>Veranschaulichung,<br>Handlungsorientierung</td><td>Individuelles<br>Fördern</td><td>Unterrichtserfolg/<br>Lernzuwachs/<br>Lehrziele/<br>Kompetenzerwerbs-<br>beitrag erreicht?</td></tr>
<tr><td></td><td>Fachspezifische<br>Arbeitsweisen</td><td>Sozial- und<br>Arbeitsformen/<br>Methoden</td></tr>
</table>

# Zusatzmaterial Schreibdreieck

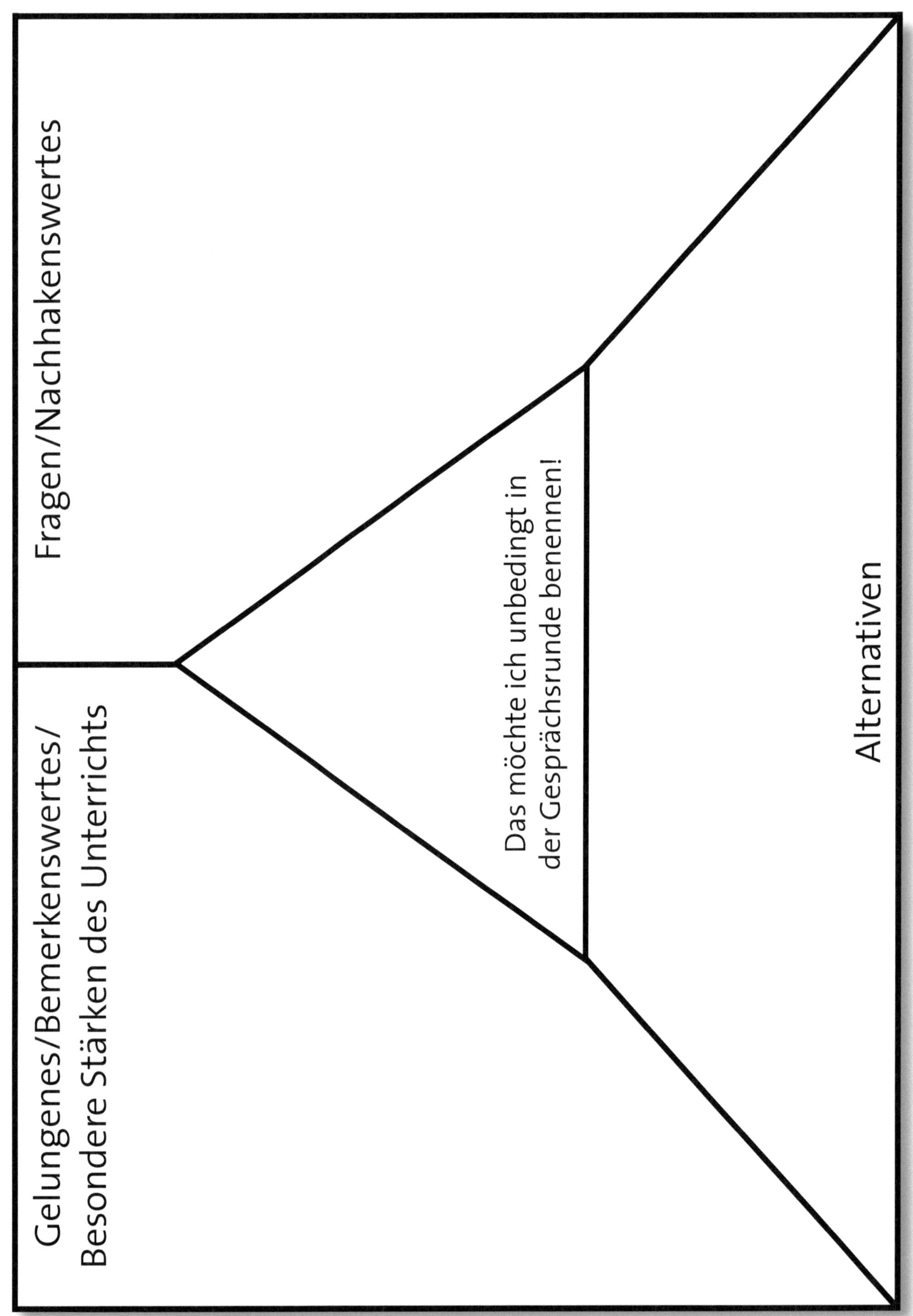


 

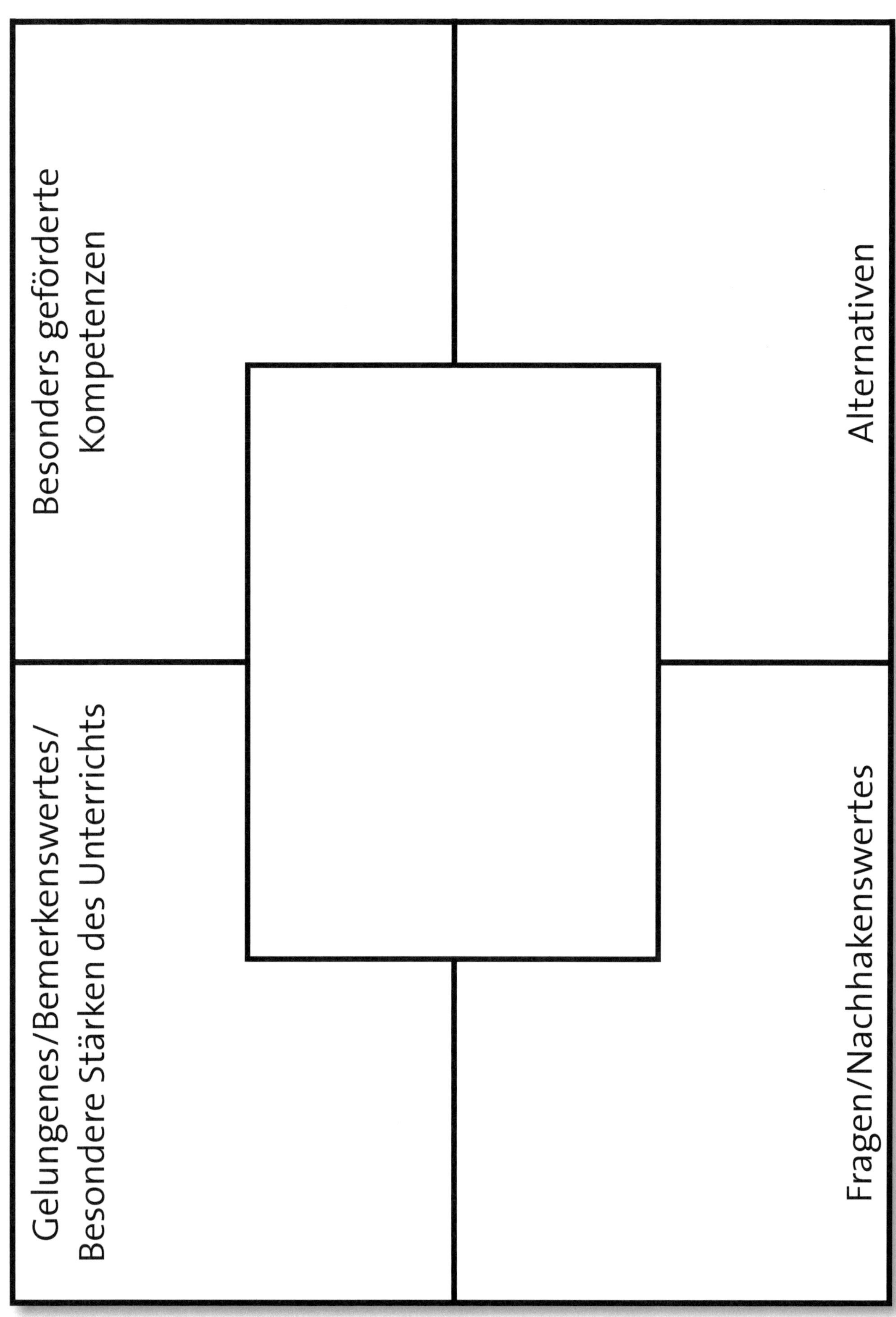
Besonders geförderte Kompetenzen
Alternativen
Gelungenes/Bemerkenswertes/ Besondere Stärken des Unterrichts
Fragen/Nachhakenswertes

## Aufmerksamkeitsrichtungen zur Nachbesprechung

| Lehrerpersönlichkeit | Klassenführung | Strukturierung |
|---|---|---|
| Darauf hat die Lehrkraft besonders geachtet: | Darauf hat die Lehrkraft besonders geachtet: | Darauf hat die Lehrkraft besonders geachtet: |
| Darauf kann die Lehrkraft noch weiteren Wert legen: | Darauf kann die Lehrkraft noch weiteren Wert legen: | Darauf kann die Lehrkraft noch weiteren Wert legen: |
| **Lernerfolg** | **Differenzierung** | **Kompetenzorientierung** |
| Darauf hat die Lehrkraft besonders geachtet: | Darauf hat die Lehrkraft besonders geachtet: | Darauf hat die Lehrkraft besonders geachtet: |
| Darauf kann die Lehrkraft noch weiteren Wert legen: | Darauf kann die Lehrkraft noch weiteren Wert legen: | Darauf kann die Lehrkraft noch weiteren Wert legen: |

 

## Aufmerksamkeitsrichtungen zur Nachbesprechung

| Mein Nachbesprechungswunsch: | Mein Nachbesprechungswunsch: | Mein Nachbesprechungswunsch: |
|---|---|---|
| Darauf hat die Lehrkraft besonders geachtet: | Darauf hat die Lehrkraft besonders geachtet: | Darauf hat die Lehrkraft besonders geachtet: |
| Darauf kann die Lehrkraft noch weiteren Wert legen: | Darauf kann die Lehrkraft noch weiteren Wert legen: | Darauf kann die Lehrkraft noch weiteren Wert legen: |
| **Mein Nachbesprechungswunsch:** | **Mein Nachbesprechungswunsch:** | **Mein Nachbesprechungswunsch:** |
| Darauf hat die Lehrkraft besonders geachtet: | Darauf hat die Lehrkraft besonders geachtet: | Darauf hat die Lehrkraft besonders geachtet: |
| Darauf kann die Lehrkraft noch weiteren Wert legen: | Darauf kann die Lehrkraft noch weiteren Wert legen: | Darauf kann die Lehrkraft noch weiteren Wert legen: |

# KV 15 Dankeszettel

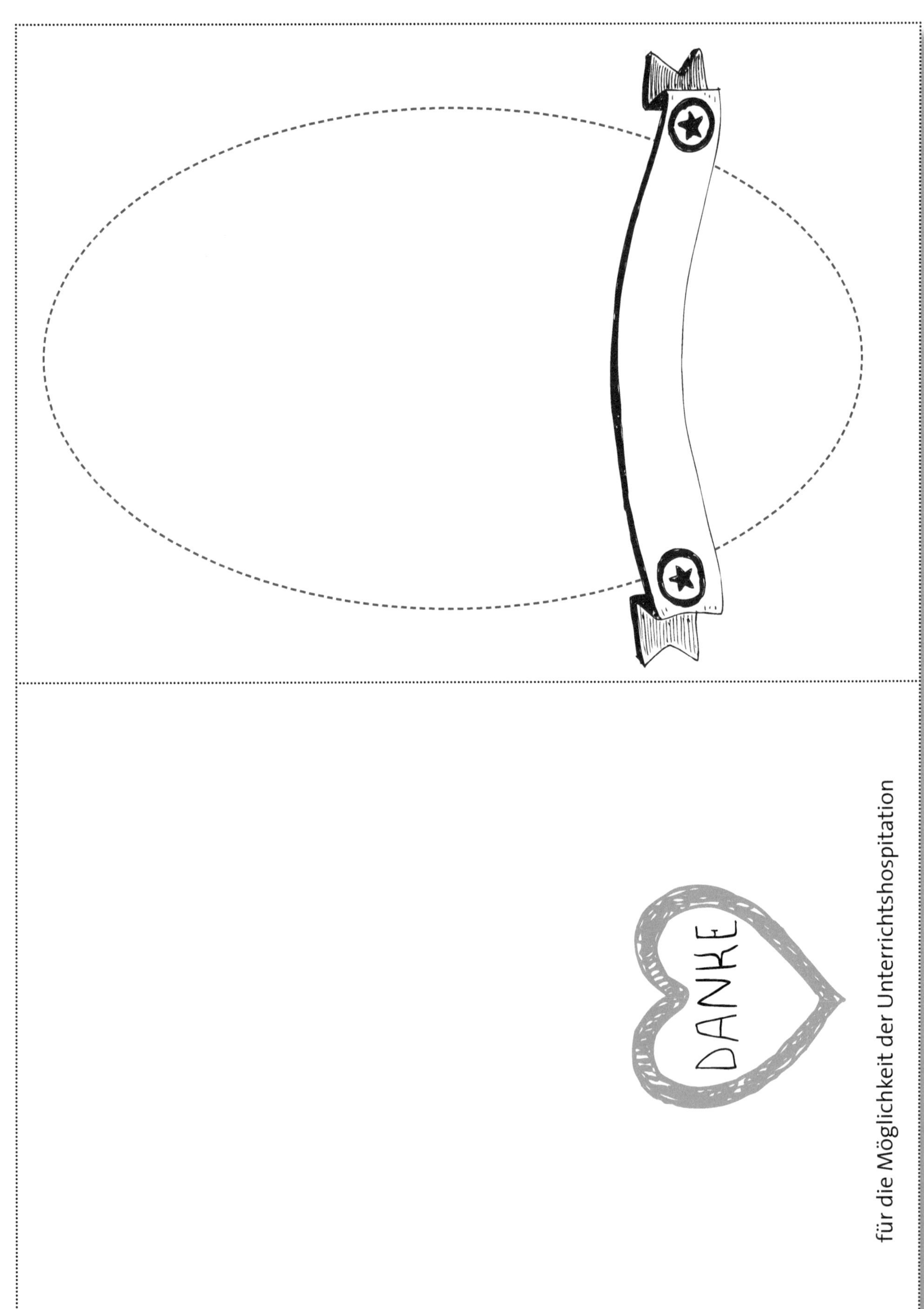

# Literatur

**Böttcher, Wolfgang** (2004): Beraten lernen. Soest.

**Bovet, Gislinde und Frommer, Helmut** (2004): Praxis Lehrerberatung – Lehrerbeurteilung. 3. Auflage. Baltmannsweiler.

**Buchen, Herbert und Rolff, Hans-Günther (Hrsg.)** (2006): Professionswissen Schulleitung. Weinheim und Basel.

**Dröse, Ingrid und Weiß, Lorenz** (2008): Grundschule braucht Methoden. Braunschweig.

**Gührs, Manfred und Nowak, Claus** (2003): Trainingshandbuch zur konstruktiven Gesprächsführung. Meezen.

**Helmke, Andreas** (2009): Unterrichtsqualität und Lehrerprofessionalität. Diagnose, Evaluation und Verbesserung des Unterrichts. Stuttgart.

**Helmke, Andreas** (2007): Unterrichtsqualität. Erfassen, bewerten, verbessern. 5. Auflage. Seelze.

**Köhler, Katja und Weiß, Lorenz** (2012): Portfolio für Referendare. Umfassender Leitfaden – Umsetzungsbeispiele – editierbare Vorlagen, Buxtehude.

**Köhler, Katja und Weiß, Lorenz** (2013): Die ersten Wochen im Referendariat. Hamburg.

**Klein Rosemarie und Reutter Gerhard (Hrsg.)** (2005): Die Lernberatungskonzeption – Grundlagen und Praxis, Baltmannsweiler.

**Meyer, Hilbert** (2004): Was ist guter Unterricht? Berlin.

**Schulz von Thun, Friedemann** (1981/1993): Miteinander Reden 1 – Störungen und Klärungen. Allgemeine Psychologie der Kommunikation. Hamburg.

**Lott/Pirner** (2014): Schulleiter-ABC (begründet von Willi Weber 1976). Sachkartei für den verwaltungstechnischen Bereich der Schulleitung in Bayern (Grundschule – Hauptschule – Förderschulen). Mediengruppe Oberfranken.

**Wild, Elke und Gerber, Judith** (2008): Einführung in die Pädagogische Psychologie. 2. Auflage. Budrich Verlag UTB.